Die Avantgarde der Angst

Fröhliche Wissenschaft 170

Norbert Bolz

Die Avantgarde der Angst

 Matthes & Seitz Berlin

Inhalt

Die politische Theologie der grünen Bewegung	7
Generation Greta	28
Gattungsbezogene Menschenfeindlichkeit	35
Erziehungsbedürfnis in der Peter-Pan-Gesellschaft	41
Der grüne Papst	53
Die Propheten der Apokalypse	58
Empirische Apokalypsen	68
Reale Katastrophen	79
Blackout	83
Der Ruf nach Ethik	95
Die Notsüchtigen	106
Die große Langeweile	114
Technikangst und Risikoaversion	129
Das religiöse Bedürfnis	147
Schuld, schlechtes Gewissen und Verwandtes	163
Der philosophische Hintergrund	170
Literatur	183

Freilich hat die Wissenschaft nicht jeder
so im klein Finger als wie ich; aber auch
der minder Gebildete kann alle Tag Sachen
genug bemerken, welche deutlich beweisen,
dass die Welt nicht lang mehr steht.
Kurzum, oben und unten sieht man,
es geht rein auf'n Untergang los.

Johann Nestroy

Die politische Theologie der grünen Bewegung

Der Mediziner und Zoologe Ernst Haeckel, den man heute hauptsächlich noch durch seine Bestseller *Die Welträthsel* und die *Kunstformen der Natur* kennt, prägte in seiner *Generellen Morphologie der Organismen* von 1866 zudem den Begriff ›Ökologie‹. Er sollte alle »Existenz-Bedingungen« umfassen. Im Kern geht es um eine Wissenschaft von den Beziehungen des Organismus zu seiner Umwelt, entwickelt in einer ganzheitlichen Betrachtung. Daran lassen sich bis heute Konzepte der systemischen Selbstregulierung, der Nachhaltigkeit und andere Gleichgewichtsmodelle anschließen. Haeckels Monismus ging davon aus, dass alle Phänomene miteinander verknüpft sind. Dieser Gedanke konnte dann religiös aufgeladen werden in einem Gottesdienst der Natur und einem Kult der Mutter Erde. Und tatsächlich verehrt der Gaia-Kult auch heute noch die Erde als Gottheit. Diese grüne Ersatzreligion geht auf die ›Gaia-Hypothese‹ des englischen Naturwissenschaftlers James Lovelock zurück; sie wurde mittlerweile zur »Erdsystemwissenschaft« ausgebaut.

Die gerade auch bei Wissenschaftslaien beliebte Ganzheitlichkeit der Betrachtung ist der gemeinsame Nenner von Ökologie, philosophischem Kosmopolitismus und der politischen Utopie einer *One World*. Und vielleicht hat nichts diese Weltbetrachtung plausibler gemacht als das Foto »Blue Marble«, mit dem die Crew der Apollo-17-Mission die Zerbrechlichkeit des blauen Planeten ins Bild setzte. Dieses Foto beschwört noch einmal die »terra inviolata«, die unverletzte Erde der Antike. Hier erscheinen die Natur heilig und die Technik als ein Sakrileg.

Dass die unzerstörbare deutsche Romantik hier ansetzen kann, liegt auf der Hand. Und sie tut es nicht nur mit der rousseauistischen Unschuld des Nichtwissens, sondern auch mit der Angstkommunikation des Protests. Dabei entwickelt das Haeckel'sche Gleichgewichtsmodell eine erstaunliche Sprengkraft. Denn der ökologische Protest erzeugt seine Motive dadurch, dass er von der Normalerwartung einer harmonischen Beziehung zwischen Mensch und Natur ausgeht. Dann erscheint aber die moderne Gesellschaft regelmäßig als im Ungleichgewicht zu ihrer Umwelt. Und so kann der Protest als Inkognito der Utopie auftreten – als Verheißung einer Welt der Balance und der Gewissheit.

Das 21. Jahrhundert hat mit einem *Greenwashing* des Weltbewusstseins begonnen. Die ökologische Bewegung ist so erfolgreich, weil sie keine politischen Ideen, sondern die Zeremonien einer Zwangsneurose anbietet, mit denen sich jeder brave Bürger seine Privatreligion zusammenbasteln kann. Besser als jede andere Religion bedienen Gallionsfiguren wie die berühmte Schülerin Greta Thunberg und der zum Parteichef der Grünen aufgestiegene Schriftsteller Robert Habeck das Schuldbewusstsein und die Unheilserwartung der westlichen Wohlstandswelt. Und damit befriedigen sie das tiefe religiöse Bedürfnis einer atheistischen Gesellschaft. Man kann es auch so sagen: Der Erfolg der deutschen Ökologie verdankt sich der Tatsache, dass sie keine Realpolitik, sondern eine politische Theologie propagiert. Und mit dieser scheint die Umweltbewegung das religiöse Bedürfnis der Wohlstandsbürger überzeugender befriedigen zu können als die christlichen Kirchen. Wie konnte es dazu kommen?

Als Max Weber den Gesinnungsethikern seiner Zeit eine Verantwortungsethik entgegenstellte, war der Begriff der Verantwortung ein Ausdruck des politischen Augenmaßes und einer gereiften Männlichkeit, die weiß, dass man mit jeder wertorientierten Lebensentscheidung in Teufels Küche gerät. Seither hat sich die Bedeutung des Begriffs Verantwortung geradezu in ihr Gegenteil verkehrt: Wenn große Unternehmen sich mit Konzepten wie »Corporate Responsibility« als große Bürger der Weltgesellschaft aufblähen, folgen sie dem in der Zivilgesellschaft auf der Ebene intellektueller Empfindsamkeit artikulierten Anspruch, von den Ereignissen der ganzen Welt »betroffen« zu sein.

Die Ethik der Weltverantwortung entspringt dem religiösen Bedürfnis, inmitten der entzauberten Welt das Mysterium des Humanen wieder zur Geltung zu bringen. Es steht und fällt mit dem Phantasma, der Mensch sei »Mandatar eines Wollens der Natur«. Die religiösen Intimkenntnisse dieses Wollens verleihen dann die Lizenz zur ethischen Kritik des Zivilisationsprozesses.

Diese Formulierungen stammen von Hans Jonas, dessen Ethik die religiöse Grundstruktur des Humanitarismus besonders deutlich macht. Das »Prinzip Verantwortung« von Jonas ist zentriert um die Begriffe von Furcht und Tabu, um das Humanum und das Heilige. Sachlich stellt sich hier das Problem, das Heilige zu rehabilitieren, ohne doch noch auf den Gott der Juden oder Christen zurückgreifen zu können. Wir brauchen das Heilige, weil wir wieder Furcht und Zittern, Scheu und Ehrfurcht brauchen. Jonas Ausgangspunkt ist dabei das Tabu über den Menschen als Geschöpf Gottes, das heute u. a. von der Gentechnik angetastet werde. Von hier startet Jonas einen Generalangriff gegen die wissenschaftliche Entzauberung der Welt. Und dieser Humanitarismus ist stets bereit, in Fundamentalismus umzukippen. So fordert Jonas ausdrücklich: »Unsere so völlig enttabuisierte Welt muß angesichts ihrer neuen Machtarten freiwillig neue Tabus aufrichten.«

Das ist der Kern der politischen Theologie der grünen Bewegung. Mit der paradoxen Formel von den freiwilligen Tabus meint Hans Jonas Praktiken, die uns das Fürchten lehren. Was er »Heuristik der Furcht« nennt, ist die ökologische Findekunst, die uns anweist, immer vom schlimmstmöglichen Fall auszugehen. Schon Günther Anders bescheinigte der modernen Welt einen »Analphabetismus der Angst« – das heißt, wir müssen wieder das Fürchten lernen, weil wir apokalypse-indifferent sind. Wir sollen Bange haben vor dem, was wir können. Der Mensch ist sich in dieser Vorstellung selbst zum bösen Demiurgen geworden, gegen den er Sicherheitsvorkehrungen treffen muss. Technik ist des Teufels, der uns einem Absolutismus des Machbaren unterworfen hat. In dieser Version des Teufelspakts wird Faust, der ja einmal der tragische Held neuzeitlicher Selbstbehauptung war, nicht nur vom Teufel geholt, sondern selbst zum Teufel. Mit anderen Worten: Der faustische Mensch mit seinen technischen Möglichkeiten wird zum letzten und eigentlichen Feind der Menschheit stilisiert.

Das »Prinzip Verantwortung« ist also im Kern eine »Ethik der Furcht vor unserer eigenen Macht«. Eine Angstkultur soll das naturwissenschaftlich-technische Wissen der Gegenwart vermenschlichen. Damit wird Furcht zur ersten Bürgerpflicht – nicht mehr die »Furcht des Herrn«, sondern die Furcht des Menschen vor sich selbst. Die Angst des Menschen vor den eigenen Techniken tritt hier die Erbschaft der archaischen Weltangst und der mittelalterlichen Angst vor Gottes Allmacht an. Es ist das große Verdienst von Hans Jonas, diese Denkstruktur so klar offengelegt zu haben.

Es ist dabei heute schon zu einer interessanten Selbstverständlichkeit geworden, dass man Menschen nicht nur Pflichten gegen ihresgleichen, sondern gegen die ganze Menschheit zumutet. Das »Prinzip Verantwortung« überlastet die Ethik mit dem größten aller möglichen Gegenstände: der Zukunft der Menschheit – wobei es im Kern um das »Dass« einer Zukunft überhaupt geht, also ums Überleben. Diese Mythologie einer kosmischen Verantwortung für das Leben im Ganzen resultiert daraus, dass Hans Jonas den technischen Stand der Dinge immer so darstellt, dass er einen unmittelbar theologischen Charakter bekommt. Nicht Gott, sondern die Technik bekleide den Menschen mit dem Amt, der »Wächter der Schöpfung« zu sein.

Das Humanum wird bei Jonas zum Fetisch eines Gegenzaubers für die entzauberte Welt der Wissenschaften. Da ist es auch ganz konsequent, dass er, wie im Mittelalter, die Neugierde in den Lasterkatalog aufgenommen sehen möchte. Wer entscheidet aber über die Unterscheidung, die Jonas im Willen zum Wissen trifft? Wer soll Erkenntnis, die »zum Adel des Menschen gehört«, von »bloßer Neugierde« trennen? Das läuft fast immer aufs Denkverbot zu, zumindest aber auf einen hartnäckigen Willen zum Nichtwissen hinaus. Diesen nennt man bekanntlich Ignoranz. Und in der Tat propagiert Jonas, im Gegenzug zum neuzeitlichen Prozess der theoretischen Neugierde, ein Bündnis von kontemplativer Theorie und Ignoranz.

Das Grundrecht der Ignoranz soll unser prometheisches Leiden heilen: dass wir zu viel wissen. Der Wille zum Nichtwissen wird von Jonas als Mittel einer asketischen Ethik eingesetzt, der es schließlich gelingen soll, die Pandorabüchse der Wissenschaften unter Verschluss zu halten. Wenn er etwa über das Klonen dekretiert: »Es besteht kein echtes legitimes Wissensinteresse, an dieser Stelle weiterzugehen«, so kann er wohl breiter Zustimmung sicher sein. Aber es wäre eben interessant zu wissen, wer über die Legitimität von Wissensinteressen entscheidet.

Die moderne Technik hat unsere Gesellschaft radikal von sich abhängig gemacht und konfrontiert sie ständig mit den Risiken ihrer Nebenfolgen. Darauf antwortet Technikangst. Sie ist aber nicht nur eine Angst vor bestimmten Techniken wie Atomkraft und Gentechnologie, sondern mehr noch eine Angst vor jener radikalen Abhängigkeit. Denn bei Themen wie Umweltverschmutzung, Klimawandel, Energieversorgung und Überbevölkerung spürt jeder, dass die Zukunft von Techniken abhängt, die derzeit noch nicht zur Verfügung stehen.

Unsere Gesellschaft ist deshalb durch einen latenten Bürgerkrieg zwischen Machern und Mahnern gekennzeichnet. Die Identität von Risiko und Chance wird nämlich vor allem an der Technik deutlich. Die Macher können darauf verweisen, dass man die Risiken moderner Technologien nur abschätzen kann, wenn man sich auf sie einlässt. Die Mahner dagegen proklamieren das Precautionary Principle, das die Installation technischer Innovationen davon abhängig machen möchte, dass deren Beherrschbarkeit im Vorhinein nachgewiesen werden kann. Diese Position, die einfach die Beweislast umkehrt, macht sich übrigens auch Papst Franziskus zu eigen. Man lese den Paragraf 186 seiner Enzyklika »Laudato si'«. Wir kommen noch darauf zurück.

Nun ist aber die Rationalität der modernen Gesellschaft ans Risiko geknüpft. Deshalb erregt sie ein permanentes Unbehagen. Denn das Kalkül mit dem Risiko ist komplex, die Angst vor der Gefahr und die entsprechende Forderung nach Sicherheit dagegen sind einfach. Es kann deshalb nicht überraschen, dass die ökologischen Folgen der Technik im öffentlichen Diskurs ihre zweckrationalen Perspektiven verdunkeln.

Das Reaktorunglück in Fukushima hat wieder eindrucksvoll gezeigt, welche Folgen das hat. Die Faszination durch die Katastrophen verstellt den Blick auf die Technikabhängigkeit der Gesellschaft. Wer Angst hat, kennt kein akzeptables Risiko. »Katastrophe« heißt nämlich: Ich will nicht rechnen. Deshalb haben die Propagandisten des Precautionary Principle leichtes Spiel. Dieses Vorsichtsprinzip läuft auf die Vermeidung von Risiken hinaus – und damit auf eine Verdrängung der modernen, auf Statistik und Wahrscheinlichkeitsrechnung basierenden Rationalität durch Angst. Man muss nur ein dramatisches Bild des möglichen Schadens zeichnen, um jedes Risikokalkül zu blockieren. Die Angst vor der Katastrophe lässt sich nichts vorrechnen.

Das Precautionary Principle institutionalisiert die Ängstlichkeit. Der amerikanische Ökonom und Nobelpreisträger Thomas Schelling hat es durch den Satz charakterisiert: Tu' nichts zum ersten Mal. Dieses Vorsorgeprinzip ist das Gegenteil des neuzeitlichen Risikoprinzips: Der Mangel an wissenschaftlicher Gewissheit wird angesichts der potenziellen Gefahr irreversibler Umweltschäden nicht mehr akzeptiert. Daraus folgt, dass schlechte Prognosen für die Menschheit besser als gute sind. Man soll einschreiten, auch wenn die Ursache-Wirkungs-Zusammenhänge noch unklar sind. Wenn etwas möglicherweise gefährlich ist, ist das schon ein Grund zur Sorge – und Vorsorge. So müssen technologische Innovationen jetzt nachweisen, dass sie garantiert unschädlich sind. Das schließt natürlich jedes riskante Verhalten aus. Auch die Abwägung von Risiken gegeneinander. So entsteht eine risikoaverse Gesellschaft, die nicht mehr in der Lage ist, auf reale Katastrophen sinnvoll zu reagieren. Die hiesige Panikreaktion auf Fukushima ist dafür der deutlichste Beleg.

Die Deutschen bilden weltweit die Avantgarde der Angst. »German Angst« und der deutsche Größenwahn, der uns immer wieder heißt »voranzugehen«, sind offenbar Komplementärphänomene. In unserem Verhältnis zur Technik erweist sich dieses Vorangehen allerdings als Rückweg, nämlich vom Risiko zum Tabu, das heißt von einem rationalen zu einem magischen Verhalten.

Das zeigt sich sehr deutlich an eben dem Vorsorgeprinzip, dem Precautionary Principle. Dabei geht es um die Gefahr der noch unerkannten Gefahr, mit der eine Politik der Angst die technologische Entwicklung lähmt. Unterstützt wird sie dabei von einer medialen Angstindustrie, die in Fernsehen und Nachrichtenmagazinen die Apokalypse als Ware verkauft. Katastrophe ist der inflationär gebrauchte journalistische Begriff für Risiko. Und im Sensationsjournalismus genügt der ›Größte Anzunehmende Unfall‹ längst nicht mehr; es muss schon der Super-GAU sein.

Vor allem in Deutschland warnt man reflexhaft vor dem technisch Machbaren und wehrt sich mit Ethikräten, Nachhaltigkeitsprogrammen und grünen Apokalypsen gegen die neuen Techniken. Es gibt aber keine Ethik der Technik. Forschungsethik ist der Versuch, dem Prometheus zu verbieten, das Feuer zu holen. Arnold Gehlen hat einmal sehr schön von der »Schuldunfähigkeit der Erfindung« und der »Erfindungslegitimität der Techniker« gesprochen. Das müsste man wieder einsehen. Die Legitimität der Technik ist die Legitimität der Neuzeit.

Eine vernünftige Diskussion hätte mit der Sonderstellung der deutschen Angst zu beginnen. Erinnern wir uns an das Reaktorunglück von Tschernobyl. In Deutschland herrschte Panik, während dieser Fast-GAU für unsere unmittelbaren Nachbarn fast nicht stattgefunden hat. Deutschland hat als Katastrophe definiert, was die anderen eher als Betriebsunfall betrachtet haben. Nach Tschernobyl ging in Freiburg die Welt unter, während wenige Kilometer weiter, hinter der französischen Grenze, das Leben seinen gewohnten Gang nahm. Und auch die deutsche Reaktion auf Fukushima war singulär.

Auch BSE, der sogenannte Rinderwahnsinn, hat Deutschland 2001 durch nur zehn amtlich bestätigte Fälle in eine Krise gestürzt, die die Gesundheitsministerin und den Landwirtschaftsminister zum Rücktritt zwang. Der Ausbruch der Vogelgrippe 2016 hat das Bundesinstitut für Risikobewertung zur Empfehlung umfangreicher Hygieneregeln animiert, obwohl weltweit keine einzige Übertragung des Virus auf Menschen bekannt geworden war. Sogar über Feinstaub kann man in Panik geraten. Und hier zeigt sich, dass uns Wissenschaft bei diesem Problem nicht weiterhilft. Denn wenn gewisse Messwerte auf Dauer zu hoch liegen, kann man die »kritischen Werte« erhöhen – das schwächt die Irritation ab. Die Umwelt selbst kann uns aber nicht sagen, wo die kritischen Werte liegen. Und so müssten wir uns fragen: Sind nur die Deutschen die Schriftkundigen, die das Menetekel lesen können? Sind die anderen alle Analphabeten der modernen Technik?

So wie in den 1960er- und 1970er-Jahren revolutionäres Klassenbewusstsein produziert wurde, wird heute apokalyptisches Umweltbewusstsein produziert – die Bewusstseinsindustrie hat von Rot auf Grün umgestellt. Man könnte von einer grünen Inversion der Revolution sprechen. Statt dem Heil der klassenlosen Gesellschaft erwartet man das Unheil der Klimakatastrophe. Was die alte rote Utopie und die neue grüne Dystopie jedoch miteinander verbindet, ist das, was der Philosoph Odo Marquard den »Heißhunger nach dem Ausnahmezustand« genannt hat.

Das grüne Glaubenssystem ist natürlich viel stabiler als das rote, das es ablöst. Die Natur ersetzt das Proletariat – unterdrückt, beleidigt, ausgebeutet. Die Enttäuschung des linken Heilsversprechens hat apokalyptische Visionen provoziert, nämlich solche vom Untergang der Umwelt. Für eine religionssoziologische Betrachtung liegt der Zusammenhang auf der Hand: Weil die Hoffnung auf Erlösung enttäuscht wurde, interessiert man sich wieder für Schöpfung – unter dem Namen Umwelt. Und dabei muss man nicht einmal auf den Rausch der Revolution verzichten.

Und wie damals die Roten, so beuten heute die Grünen das Schuldbewusstsein der westlichen Kultur aus. Dabei entfaltet sich eine Dynamik, die jedem Religionswissenschaftler vertraut ist: Die apokalyptische Drohung produziert Heilssorge. Deshalb tritt man der Sekte bei, wirft Bomben im Namen der Unterdrückten und Beleidigten, befreit die Hühner aus den Legebatterien, schwänzt die Schule, um die Erde zu retten, oder trennt doch wenigstens den Hausmüll. Vor allem Deutschland ist dem Taumel einer grünen Bußbewegung verfallen, deren Apokalypse von wissenschaftlichen Fußnoten geschmückt wird. Zugleich wirkt in der apokalyptischen Drohung aber auch die Verheißung, die eigene Lebenszeit mit der entfremdeten Weltzeit endlich zur Deckung zu bringen, die eigene Existenz mit der Welt zu synchronisieren. Das Unheil kann ja jederzeit hereinbrechen, und weil es absolut aktuell ist, muss sich jeder fragen, was jetzt zu tun ist, um es abzuwenden. Wenn aber das Ende unmittelbar bevorsteht, ist alles andere gleichgültig. Jeder muss, oder besser: darf erwarten, »das eschatologische Ereignis noch selbst zu erleben«. So hat es Max Weber noch mit Blick auf die Propheten des antiken Judentums formuliert. Aber das gilt eben auch heute wieder. Sei es der Untergang der Welt oder der Sonnenaufgang des Kommunismus, sei es die Rache der Natur an der Zivilisation oder das Flammenzeichen des Millenniums – das Entscheidende geschieht in Deiner Lebensfrist!

Die grüne Bewusstseinsindustrie ist auf dem Markt der öffentlichen Meinung eben deshalb so erfolgreich, weil sie die Apokalypse als Unique

Selling Proposition offeriert. Und Apokalypse heißt stets: Was hier auf dem Markt der Gefühle angeboten wird, war noch niemals da; die Wende der Welt steht mir selbst als absolutes Erlebnis bevor. Dass dies nicht metaphorisch, sondern buchstäblich zu verstehen ist, haben amerikanische Spötter mit drei Lesarten des Hilferufs SOS verdeutlicht, in denen sich konkretisiert, wie die Apokalypse als Ware auf dem Markt der Gefühle funktioniert.

SOS heißt ursprünglich natürlich *Save Our Souls* – unüberbietbar vermarktet von dem Hollywood-Film *Titanic*. Der gescheiterte Präsidentschaftskandidat und Friedensnobelpreisträger Al Gore hat dann die zweite Lesart durchgesetzt: *Save Our Selves* – unüberbietbar vermarktet in dem Weltkonzert »Live Earth«. SOS heißt schließlich, drittens, *Save Our Sales*. Denn nichts verkauft sich heute in der westlichen Wohlstandsgesellschaft besser als Öko, Bio und Grün. Und längst hat Hollywood diese neue Form der Gehirnwäsche, das *Greenwashing*, in eigene Regie genommen. Seine Sterne und Sternchen präsentieren uns die Rettung der Welt als gute Unterhaltung. Doch diese Kunst, aus der apokalyptischen Drohung den Honig der guten Tat und der erfolgreichen Geschäftsidee zu saugen, unterscheidet zurzeit noch die amerikanische Ökoreligion von der deutschen, die sehr viel mehr auf die Katastrophe als Negativ des Heils fixiert ist.

Zu den Förderern und Profiteuren des Katastrophendiskurses gehören aber auch nichtkommerzielle Akteure, so zum Beispiel aus den Reihen der engagierten Wissenschaft. Das funktioniert dann so: Am Anfang steht die Erfindung einer Krise; die Krise begründet die Notwendigkeit der Forschung; die Bedeutsamkeit dieser Forschungen legitimiert ihre staatliche Finanzierung; die Forschung im »öffentlichen Interesse« braucht eine politische Organisation – und so entsteht, was Wissenschaftstheoretiker »scientific bias« nennen. Zu Deutsch: Man findet immer, was man erwartet. Und immer ist es fünf vor zwölf.

Seit dem Fall der Berliner Mauer beobachten Medienwissenschaftler eine Inflation der Katastrophenrhetorik. Offenbar hat das Ende des Kalten Krieges ein Vakuum der Angst geschaffen, das nun professionell ausgefüllt wird. Man könnte geradezu von einer Industrie der Angst sprechen. Politiker, Anwälte und Medien leben ja sehr gut von ihr. Und eine ständig wachsende Anzahl von Gefälligkeitswissenschaftlern nutzt die Universitäten als eine Art Zulieferfabrik.

Der Philosoph Hans Blumenberg hat von »kassandrischer Forschung« gesprochen: Gefälligkeitswissenschaftler produzieren Gefahrenszenarios, die die Angstindustrie der Medien befeuern und Politikern die Gelegenheit verschaffen, zu warnen, zu mahnen und zu retten. Aber Wissenschaftler, die warnen und mahnen, sind keine.

Wenn es nach den Alarmisten geht, ist es längst nicht mehr nur fünf vor zwölf. Die seit 1947 von Atomwissenschaftlern immer wieder neu eingestellte »Weltuntergangsuhr«, die der Weltöffentlichkeit das Risiko einer globalen Katastrophe verdeutlichen soll, steht jetzt auf 100 Sekunden vor Mitternacht. Auch die Nobelpreisreputation einiger darin involvierter Wissenschaftler ändert nichts an der Albernheit dieser Veranstaltung. Es handelt sich hier um eine Verschmutzung der Wissenschaft durch Politik, die eine vernünftige Debatte über die großen Angstthemen wie Klimawandel und Massenmigration unmöglich macht. Man könnte von einer globalen Erwärmung des Meinungsklimas reden, die Irrationalismen und Panikreaktionen fördert.

Der amerikanische Schriftsteller Jonathan Franzen hat in einem *Spiegel*-Gespräch die gegenwärtige Lage des »Klimaestablishments« so charakterisiert: »Eine Position, in der sie nicht mehr die Wahrheit sagen können, da diese in ihren Augen den Fortschritt im Kampf gegen den Klimawandel behindert.« Mit anderen Worten: Die politisch-mediale Elite der Öko-Bewegung geht davon aus, dass man durchaus ein wenig fälschen kann, wenn es der guten Sache dient. Das ist ein Motiv, das so alt ist wie die europäische Politik: die weiße Lüge. Gemeint ist die Übertreibung der Tatsachen in volkspädagogischer Absicht. Schon bei Platon gab es für die Regierenden eine Lizenz zum Lügen für die gute Sache. Und heute ist es die weiße Lüge der Klimakatastrophe, die die Erde rettet.

Das funktioniert deshalb so gut, weil offenbar immer mehr Menschen betrogen werden möchten, d. h. gruselige Märchen über die Welt dort draußen hören wollen. Wer aber erregende, sentimentale Geschichten über das Politische hören will, weigert sich, erwachsen zu werden. So wird man zum willenlosen Opfer des erzählenden Journalismus, der nicht mehr berichtet und informiert, sondern Stories, Meinungen und Gefühle bietet, also Geschichten erzählt. Goethe hat das »Lazarettpoesie« genannt, Kitsch fürs imaginierte gesamtgesellschaftliche Kranken- oder gar Sterbebett.

Wer in der Politik die Aufmerksamkeit der Wähler gewinnen will, muss Probleme erfinden. Wer in den Medien hohe Quoten haben will, muss Katastrophen vermelden. Wer in den Wissenschaften Forschung finanzieren lassen will, muss Alarm rufen. Untergangspropheten waren jedoch schon immer die erbittertsten Feinde der Aufklärung – das gilt gerade auch für die Öko-Propheten der Klima-Apokalypse. In der Faszination durch die Katastrophe oszilliert aber auch eine Dialektik von Heilsversprechen und Elendspropaganda, die zugleich Hysterie und Hoffnung produziert. Denn die Welt ist noch zu retten, wenn wir alle am Gottesdienst der Vorsorge und Sicherheit teilnehmen. Schon heute ist die Religion des Sorgens und Schützens die eigentliche Zivilreligion der Deutschen. Sie folgen dabei den grünen Hohepriestern, die sie weg von Gott Vater und hin zu Mutter Erde führen. Dieser Kult der Natur, der den Verlust der Gnade kompensiert, gipfelt in der Liebe zum Lebendigen an sich.

Die Öko-Religion hat durchaus ihre Priester, ihre Pilgerfahrten und ihren Heiligen Gral. Nur dass die jungen Glaubenshelden heute Ölplattformen besetzen, die Rainbow-Warrior gegen finstere Atommächte in See sticht und die Fans von Greta den Braunkohleabbau blockieren. Das sind die Kreuzritter der heilen Welt. Nichtregierungsorganisationen stehen für eine neue Religiosität, die auf den Namen »Umweltbewusstsein« getauft ist. Umwelt heißt der erniedrigte Gott, dem die Sorge und die Heilserwartung gelten. Und das bedeutet im Klartext: Für die fundamentalistischen Grünen ist Natur selbst die Übernatur. So funktioniert das Umweltbewusstsein als Quelle einer neuen Religiosität.

Hier gilt es nun, ein naheliegendes Missverständnis auszuschalten. Ökologie als Heilsreligion zu beschreiben, wie wir es gerade getan haben, bedeutet nämlich nicht, das ökologische Komplexitätsbewusstsein zu denunzieren, sondern es von einem neuheidnischen Naturkult zu unterscheiden, der allerdings die Sympathie der Massenmedien auf seiner Seite hat. Diejenigen, die sich mit religiöser Inbrunst der Natur zuwenden, sind von der Geschichte enttäuscht. Und weil sie sich nicht mehr in die Arme der Kirche zu werfen wagen, beten sie grüne Rosenkränze. Die Natur ersetzt Gott als externe Instanz des Urteils über die Gesellschaft.

Doch warum konnte diese Naturalisierung der Umweltproblematik sozialer Systeme überzeugen? Man kann vermuten, dass die Faszination des Naturbegriffs darin liegt, dass er eine Norm der richtigen Ordnung suggeriert, ähnlich wohl wie einmal der Begriff Kosmos. Man muss nur das Wort Natur aussprechen, um Ordnung in das Chaos unserer sozialen Systeme zu bringen – durch den auch werbewirksamen Hinweis auf das Fundamentale und Wesentliche, dass die Natur uns nicht braucht, wir aber sie. Das lässt sich auch durch Wissenschaft nicht entkräften.

»Natur« funktioniert also als eine Art Stoppregel für den unendlichen Regress des Beobachtens und Errechnens. Wenn man das Wort Natur sagt, wirft man einen Anker im Meer der Komplexität. Und dann kann man urplötzlich sehr konkret werden: Keine Pelzmäntel mehr kaufen, dafür aber einen FCKW-freien Kühlschrank; keine Plastiktüten mehr benutzen, dafür aber die Bahn. Natürlich hat sich der Markt sehr rasch des Zauberworts »Umweltbewusstsein« bemächtigt. Ökologie hat sich zum paradoxen Luxusartikel reicher Länder entwickelt. Und seither ist die Empfindlichkeit des Bürgers zur knappen Ressource geworden. Ja, wir können schon bemerken: Auch das Wachstum der Sensibilität für die Grenzen des Wachstums stößt an Grenzen. Deshalb wird hierzulande mit Feuereifer daran gearbeitet, wie man auch diejenigen im Ausland von der Furcht vor der Apokalypse begeistern kann, die noch an den schalen Verheißungen des profanen Glücks festhalten, das der Westen mit seinem Lebensmodell die letzten Jahrhunderte hindurch verkündete. Daher stellt sich die hiesige Frage wohl bald in einem erheblich größeren Maßstab: Wird die »German Angst« zum Exportschlager, oder lernen wir vom Rest der Welt Gelassenheit?

Generation Greta

Wer die Welt retten will, ist krank. Der utopische Sozialist Charles Fourier meinte einmal, dass Universum und Mensch einen einzigen Körper mit einer einzigen Haut bildeten, sodass jeder jeden Schmerz spürte. Das beschreibt die Hypersensibilität der Generation Greta sehr gut. Sie hat einen Medienhype ausgelöst, der jeden Versuch einer sachlichen politischen Argumentation im Keim erstickt. Hypersensibilität bedeutet, dass man mehr leidet, obwohl man weniger Grund dazu hat.

Diese sogenannten Schneeflocken sind die Kinder der Umweltbesorgten; empfindliche Menschen, die so gesund sind wie keine Generation vor ihnen. Leiden ist heute ein Wachstumssektor. Seine Logik ist denkbar einfach: Moderne Zivilisationen schützen die Menschen vor grausamen Erfahrungen; daraus folgt, dass die Schwelle der Empathie gesenkt werden kann – und daraus folgt, dass Sympathie universal anwendbar wird. Das ermöglicht einerseits Legitimation durch Leiden und andererseits, um es mit Martin Walsers genauem Wort zu sagen, »Machtausübung durch Unglücklichsein«.

Greta Thunberg bietet alles, was die Medien brauchen: Personalisierung und Emotionalisierung der Politik, die religiöse Unheilserwartung der »Klimakatastrophe« und das asketische Programm zur Rettung der Welt. Sie ist die Heilige einer grünen Ersatzreligion, die Heldin unserer Zeit.

In dieser Heldenverehrung steckt die Sehnsucht nach dem Befehl, die Hoffnung auf den guten Führer der Welt. Jeder Führer ist ein Sinnstifter. Und dazu bedarf es keines Programms; die große Geste genügt. Statt zur Schule geht Greta zu Pressekonferenzen, Interviews und Fototerminen. Sie spricht vor der UN und den Mächtigen von Davos, bekommt einen Handkuss von dem Vorsitzenden der EU-Kommission und eine Audienz beim Papst. Die 17-jährige wird überschüttet mit Preisen und wurde für den Friedensnobelpreis nominiert. Das *Time Magazine* kürte sie zur Person des Jahres. Aber spätestens beim »klimaneutralen« Segeltörn in die USA wird sich mancher gefragt haben: Mission oder Marketing?

Wir müssen hier etwas tiefer loten. Ökologische Probleme sind offenbar deshalb das ideale, unüberbietbare Thema der Massenmedien, weil die ganze Welt in den Blick rückt: Alle sind betroffen. Klimawandel und Umweltverschmutzung kennen keine Grenzen. Schon Nietzsche hat vermutet, dass wir in einer Gesellschaft der Notsüchtigen leben: Nichts ist uns nötiger als Nöte, sichtbare Unglücke. Und gerade die lustvolle Unbetroffenheit durch das Leid dort draußen fordert komplementär die »Betroffenheit« als Attitüde. Man konsumiert die Sensationen des Unheils und die Szenen des Protests. Und überall, wo Aufbegehren die Reflexion ersetzt, sind die Massenmedien zur Stelle. Sie machen uns zu Zuschauern der Prime-Time-Aktivisten, die unsere Zukunft als Drohung verkörpern.

Das Zeitalter der Massenmedien ist deshalb das Zeitalter des Entrüstungspessimismus und der Angstrhetorik. Die Bedenkenträger und Betroffenheitsdarsteller, die hier den Ton angeben, machen auf dem Markt der Gefühle Geld mit der Angst der anderen. Es gibt längst eine gut geölte, multimediale Angstindustrie. Angst erweist sich dabei als erfolgreichster Kommunikationsmodus, denn die Angstrhetorik ist unwiderlegbar. »Ich habe Angst« – authentischer geht es nicht.

Und naturgemäß ist nichts populärer als die *eigene* Angst. Sie findet ständig Gelegenheit zur Rückkopplung: Klimakatastrophe oder doch wenigstens Tankerkatastrophe, gentechnische Experimente, die neue Völkerwanderung und der ihr wie ein Schatten folgende Fremdenhass. Die Liste der guten Gründe für Angstkommunikation ist unabschließbar. Angst hat immer recht, und wer mit der eigenen Angst argumentiert (argumentiert!), ist eben unwiderlegbar. Diese Angstblockade lässt uns aber verkennen, dass Gefahr der Rohstoff ist, den unsere moderne Kultur zu Risiken verarbeitet, mit denen man kalkulieren kann und muss. Man könnte deshalb sagen: Die moderne Welt ist in sich selbst riskant.

Die Katastrophe fasziniert offenbar als genaues Gegenbild zum funktionierenden System der modernen Gesellschaft. Weder Statistiker noch Mathematiker oder Menschen mit Lebenserfahrung können uns auf eine Katastrophe vorbereiten. Steht sie im Raum, sind alle Messen gelesen, alle Expertisen nur noch papierne Makulatur. Wir alle wären wohl in einem solchen Falle nicht mehr bereit, ein Kalkül des Risikos oder das Urteil von Experten zu akzeptieren. Gerade beim Thema Klimawandel präsentieren sich deshalb auch viele Wissenschaftler als Glaubenskrieger. Eine Weltanschauung ist ein Glaube, der keine Fragen offen lässt und in dem man alle Affekte unterbringen kann – wie die Klimakatastrophe. Im Kampf gegen den »von Menschen gemachten Klimawandel« erleben wir eine Gefühlsintensität, die man nur als infantil bezeichnen kann – oder als ekstatisch religiös. Infantile Politik – das ist das entscheidende Stichwort. Greta ist das Idol einer entpolitisierten Weltgesellschaft.

Nicht erst seit Fridays for Future spielen Schüler und Studenten hier eine Schlüsselrolle. Der deutsch-amerikanische Psychoanalytiker Erik

Erikson hat schon vor Jahrzehnten beobachtet, dass in den westlichen Ländern gerade die wohlhabenden, gebildeten Jungen in einem »psychosozialen Moratorium« leben. Das meint, dass die Menschen, die sehr lange Ausbildungszeiten durchlaufen – also in der Regel Gymnasium und Universität –, eine »Auszeit« von der Gesellschaft nehmen. Sie müssen in dieser langen Zeit der Bildung weder soziale noch politische Verantwortung übernehmen. Sie leben meist als Singles, zudem auf Kosten des Staates und des Elternhauses. Diese Ferne von der harten gesellschaftlichen Realität führt leicht zu verzerrten Weltbildern, die aufgrund der differenzierten Bildung oft extrem intellektualisiert sind und deshalb vom gesunden Menschenverstand nicht erschüttert werden können. Kurzum: Den Bildungsprozessen fehlt die Realitätskontrolle. Sie produzieren extrem intelligente, aber unreife Menschen. Man könnte von sozialer Blindheit auf höchstem Niveau sprechen.

Buchtitel wie *Die infantile Gesellschaft* signalisieren, dass sich das Verhältnis von jung und alt in der gesamten westlichen Welt dem Zustand anpasst, den Erikson seinerzeit an US-amerikanischen Colleges beobachtete. Man könnte resümieren: Es gibt heute keine Reifungsprozesse mehr. Sucht man in der Literatur nach emblematischen Gestalten für diese unsere Kultur, so bietet sich Peter Pan als die verkörperte Absage an das Erwachsenwerden an. Doch noch viel entrückter als die Kinder, die um der guten Sache willen die Schule schwänzen, um die Welt zu retten, sind die Erwachsenen, die sie dafür loben. Dieses geheuchelte Lob will den Eindruck erwecken, die Weisheit von Kindern könne in einer überkomplexen Welt Orientierung anbieten – und sie verfügten demnach über einen unschuldigen Blick auf die Wirklichkeit. Seit Herbert Grönemeyer »Kinder an die Macht« sang, luxuriert dieser Kitsch des politischen Infantilismus. Dazu gehört auch die ebenso tränenselige wie leere These, die Erwachsenen hätten die Erde nur von den Kindern geborgt. Doch dergleichen kommt nicht einfach aus Kindermund. Es sind an einer bestimmten politischen Agenda interessierte Erwachsene, die Kinder pädagogisieren, um sie dann als Propheten auftreten zu lassen.

Kaum verwunderlich, spielen die Massenmedien und vor allem das Fernsehen dabei eine Schlüsselrolle. Als wollten die Castingshows ihre Unterhaltungsgrenzen sprengen, werden Kinder heute nicht mehr nur als Models und Popstars geködert, sondern auch als kleine Politiker präsentiert. Sie treten dann in den Talkshows als Wahrheitszeugen auf. Und wer würde einer leidenschaftlich engagierten Jugendlichen schon zu widersprechen wagen. Wobei es nicht darum gehen kann, Kinder zu kritisieren, ob sie nun

Greta, Luisa oder Kevin heißen. Es ist nämlich völlig in Ordnung und geradezu natürlich, dass Kinder überdrehten Idealismus produzieren, sobald sie sich zu politischen Themen äußern. Die Euphorie, mit der jedoch Erwachsene sich darauf stürzen, um ihn dann als Weltrettungsweisheit zu verklären, lässt Fragen nach einer tieferliegenden Motivation aufkommen.

Cui bono, also? Die grüne Elite, die uns die Klimakatastrophe prophezeit und zur Askese auffordert, lebt selbst sehr angenehm im Grand Hotel Abgrund. Sie versteht sich auf die Kunst, aus der apokalyptischen Drohung ein hochprofitables Geschäft zu drechseln. Und das führt uns zu den Hintermännern der Generation Greta. Wie einst »Nachhaltigkeit« wird jetzt »Klimawandel« zum Schlüsselbegriff des *Big Business*. Wie man die Rettung der Welt als Riesengeschäft aufzieht, zeigt zum Beispiel das Social-Media-Netzwerk des PR-Managers Ingmar Rentzhog »We don't have time«. Und nun wird es niemanden mehr überraschen, dass die Klimaaktivistin Greta als *Youth Advisor* im Stiftungsrat seine Werbefigur war. Da ist es nur konsequent, dass Greta Fridays For Future zur Marke machen will; d. h. sie lässt sich die Jugendbewegung patentieren. Doch damit könnte sie den Bogen überspannt haben, denn das widerspricht der Unentgeltlichkeit der prophetischen Leistung.

Gattungsbezogene Menschenfeindlichkeit

Nach der Auszeichnung der ökologischen Führungsfigur zur Person des Jahres durch das *Time Magazine* konnte es nicht überraschen, dass im Land ihrer ekstatischsten Anhänger das Wort »Klimahysterie« zum »Unwort des Jahres 2019« deklariert wurde. Doch ist die Bezeichnung »Klimahysterie« tatsächlich eine Diffamierung von um die Umwelt besorgten Menschen oder trifft sie doch eine reale kollektive Befindlichkeit? Die Rhetorik der Öko-Aktivisten zumindest lässt an Deutlichkeit wenig zu wünschen übrig: »Ich will, dass ihr in Panik geratet«, forderte Greta. Und Fridays For Future gehorchte und sekundiert: »Die Erde brennt« und »Es geht um unser Leben«. Aber die aufgepeitschten Worte kommen nicht nur aus dem Schülermund. Ausgewachsene Politiker erklären unter dem Titel »Klimanotstand« den Ausnahmezustand. Die radikale Umweltschutzbewegung Extinction Rebellion hat zwar das erklärte Ziel, das Aussterben von Pflanzen, Tieren und Menschen durch politische Zwangsmaßnahmen zu stoppen, vermittelt aber den Eindruck, es gehe eigentlich um die Beseitigung des Menschen – so wie explizit beim Voluntary Human Extinction Movement. Von einer »herrlich geschichtslosen Welt« schwärmte schon 1983 der österreichische Chemiker Erwin Chargaff in seinem Essay *Kritik der Zukunft*. Gemeint ist eine Welt, »in der Tiere und Pflanzen, Felsen und Erde und Luft in Gottes Ewigkeit hineinleben wie am fünften Tag«. Wie am fünften Tag – also vor der Erschaffung des Menschen. Dieser ökologische Menschenhass unterstellt ganz selbstverständlich, dass der Mensch nicht mehr wert sei als eine Pflanze. Die praktischen Konsequenzen dieser Weltanschauung formulieren dann die Antinatalisten: Du sollst dich nicht fortpflanzen. Erspare der Erde den Kohlendioxid-Ausstoß deiner Kinder. Das ist die Konsequenz der Theorie des »ökologischen Fußabdrucks« im Horizont des Katastrophendiskurses.

Diese Weltanschauung führte auch während der Lockdowns im Zuge der Corona-Epidemie, der praktisch die gesamte Weltgesellschaft zum Stillstand gebracht hat, zu blindwütigen Äußerungen. In der Überschrift der *Zeit*, »Der Mensch hat Pause – der Planet atmet auf«, kam die Relax-Version der Ideologie zum Ausdruck, eine Perspektive oberhalb des Menschen einzunehmen und sich zur Stimme der »gequälten« Erde zu machen. Nicht Corona, sondern der Mensch sei die Krankheit – und Corona die Heilung. Das ist die aktuelle Variante eines Phantasmas, das man bei einem Großteil der radikalen Umweltbewegungen findet, nämlich dass die »geschändete« Natur jetzt Rache am Menschen nimmt. Was Umweltgipfel und Klimaprotokolle nicht geschafft haben, leistet die Natur jetzt selbst: Corona lässt fast alle Räder stillstehen und verbessert damit die Kohlenstoffdioxidbilanz.

Die Anthropologie ist hier in einer radikalen Weise negativistisch geworden. Das machen schon die einschlägigen Buchtitel deutlich. Das wohl bedeutendste anthropologische Werk stammt von Arnold Gehlen und trägt noch selbstverständlich den Titel *Der Mensch*. Der Literaturwissenschaftler und Schriftsteller Ulrich Horstmann dagegen konterkariert ihn 1983 mit dem Titel *Das Untier*. Und er spricht von Untier, weil Mensch für ihn nur noch ein Euphemismus ist. Gemeint ist: Der Mensch passt nicht in die Schöpfung; er ist ihr Paria. Schon 1972 hatte uns der bedeutende klassische Philologe Walter Burkert den »Homo Necans« präsentiert, den Töter. Die Menschwerdung des Menschen »durch den Akt des Tötens« ist bei Burkert aber noch in das Opferritual eingebunden, also sakralisiert. Für Horstmann ist das dann nur noch ein dünner Schleier über dem »homo extinctor«, dem Wesen, das alles ausrottet.

Dass der Mensch nicht in die Schöpfung passt, ist an sich keine skandalöse These, eher sogar die Grunderfahrung der modernen Anthropologie. Die Natur des Menschen ist nicht natürlich. Der Mensch ist das Wesen, dem Wesentliches mangelt, und deshalb ist die Technik sein Wesen. Technische Selbstbehauptung ist der spezifisch menschliche Ersatz für die organische Anpassung. Man kann die Dialektik des Mängelwesens Mensch auf die Formel bringen, dass er aus Belastungen Entlastungen macht. Technik heißt dann, dass der Mensch seine Nichteinpassung ausnutzt. In dieser Perspektive wird die Anthropologie des Mängelwesens Mensch allmählich überlagert von einer Geistesgeschichte der Technik. Diese zu leisten, war der wesentliche Impuls der Philosophie Hans Blumenbergs.

Um an den anthropologischen Ausgangspunkt seiner Überlegungen heranzukommen, können wir von einer einfachen Frage ausgehen: Ist die Natur unser Feind oder sind wir ihr nur gleichgültig? Wenn die Natur dem Menschen gegenüber nur indifferent wäre, müssten wir den Begriff der Naturbeherrschung als Anthropomorphismus ablehnen. Hans Blumenberg jedoch zeichnet die Konturen der Anthropogenese noch viel schärfer als Gehlen. Das Mängelwesen Mensch trifft auf »die absolute Feindlichkeit der Natur«, und dass es diese Konfrontation überlebt, macht es zur »biologischen Inkonsequenz der Evolution«. Diese Selbstbehauptung des Menschen gegen die Natur als den absoluten Feind prägt das Wesen der Technik. Sie ist prinzipiell Angriff oder doch zumindest Prävention.

Doch diese Konstellation von Mängelwesen, technischer Selbstbehauptung und Prävention wird nun von Horstmann radikal umgedeutet. Er sieht nicht die erfolgreiche Notwehr des Menschen gegen eine übermächtige und feindselige Natur, sondern nur die Monstrosität einer Technik, die einen Vernichtungsfeldzug gegen die Natur führt. Die beiden Weltkriege waren für Horstmann nur Vorbereitungskriege für den Schlag der endgültigen Selbstvernichtung der Menschheit, die er wie ein Gnostiker als »Revokation der Schöpfung« feiert. Und in einem atemberaubenden Ästhetizismus der Vernichtung verkündet Horstmann dann, was sich nach dem Untergang eröffnen wird: die menschenleere Welt, das Paradies ohne den Menschen.

Diese ideologische Ausrichtung lässt den Begriff Klimahysterie also eher als zu schwach erscheinen, Paranoia mag es besser treffen. Das wird keineswegs dadurch entkräftet, dass sich Wissenschaftler auf die Seite der Öko-Aktivisten schlagen. Der Klimawandel ist ein Problem mit so vielen Variablen, dass man ein durch und durch unwissenschaftlicher Mensch sein muss, um Gewissheit zu haben. Und nichts ist für den Geist der Aufklärung gefährlicher als ein »Konsens der Wissenschaftler«.

Angesichts dessen sind sowohl Skepsis als auch Zuversicht gefragt. Skepsis gegenüber den Apokalyptikern und Zuversicht gegenüber unseren neuzeitlichen technischen Errungenschaften. Jacques Derrida hat von der »Verführungs- oder Einschüchterungsprämie« der Apokalyptiker gesprochen. In diesem Sinne lässt sich sagen, dass eine Politik, die den Menschen Angst einjagen will, sich als größter Feind der Aufklärung erweist. Dabei liegt die größte Gefahr in der Denkfaulheit des populären Pessimismus in allen Umweltfragen, die dem Fortschrittsgeist unserer wissenschaftlich-technischen Welt nichts mehr zutraut. Es geht heute um die Verteidigung der Neuzeit gegen den ökologischen Absolutismus – nur so kann man die Umwelt wirklich schützen.

Erziehungsbedürfnis in der Peter-Pan-Gesellschaft

Kindliche Unschuld verkauft sich gut. Die allseitige Verehrung der Authentizität geht, trotz ihrer Inszeniertheit, jedoch über die Feier der schönen Seele hinaus. Denn in der Anerkennung der reinen Rhetorik der Empörung, wie sie Greta Thunberg beispielhaft vor dem Uno-Klimagipfel in New York am 23. September 2019 mit ihrer Suada »How dare you ... Wie könnt ihr es wagen, mich um meine Kindheit zu betrügen?« vortrug, steckt noch etwas anderes. Wenn Max Weber zu dem altisraelitischen Propheten Elia feststellt, »auf der bis dahin unerhörten Rücksichtslosigkeit seines Auftretens gegenüber den politischen Machthabern beruhte sein beispielloses Prestige«, gibt das einen ersten Hinweis.

Nicht nur die von Kinder den Eltern gehaltenen Standpauken auf den Podien der Weltpolitik, auch satirische Videobeiträge, in denen die Oma als »Umweltsau« denunziert wird, sind Zeugnisse einer in Mode gekommenen Publikumsbeschimpfung, die von vielen beschimpften Erwachsenen masochistisch genossen wird.

Hier formiert sich ein neuer Kinderkreuzzug gegen die verstockten Erwachsenen, getragen von einer romantischen Fernstenliebe, die sich um die ganze Welt sorgt. Der angesagte Masochismus wird mittlerweile teilweise in die PR-Konzepte großer Unternehmen integriert, etwa wenn Siemens Energy der deutschen Anführerin von Fridays für Future einen Sitz im Aufsichtsgremium anbietet. Eine einmalige Gelegenheit, ein solches Angebot um der Authentizität ihres Engagements willen abzulehnen, die diese sich natürlich nicht hat entgehen lassen.

Das Schöne am Leben der Kinder ist, dass man ihnen ihre Verantwortungslosigkeit und ihr unbegrenztes Anspruchsdenken nicht übel nimmt. Viele Eltern honorieren das, indem sie ihre Kinder nicht mehr erziehen, sondern vergöttern. Auch das wird an Greta sehr deutlich. Sie darf maßlose Forderungen stellen und kann sich unter dem Beifall der Welt zugleich als bedauernswertes Opfer stilisieren. Deshalb müssen wir heute eine Korrektur an Neil Postmans bekannter These anbringen: Nicht die Kindheit verschwindet, sondern die Welt der Erwachsenen – unter deren tätiger Mitwirkung. Man wird nicht mehr erwachsen, die Prozesse der psychosozialen Reifung werden, wie schon von Erikson auf andere Weise artikuliert, frühzeitig unterbrochen, zusätzlich und im Gegenzug werden alle möglichen Formen von Regression normalisiert. Dan Kiley hat also mit seinem schon in den 1980er-Jahren beschriebenen Peter-Pan-Syndrom recht behalten. Die entscheidenden Charakteristika dieses Typus sind: Verantwortungslosigkeit, mangelnde Selbstdisziplin, Tagträumerei, Gruppenkult und Narzissmus. James M. Barries Kinderbuchheld Peter Pan, der im Nimmerland sein Leben als Spiel verbringt, scheint heute also aktueller denn je. Nichts anderes meinte wohl auch der Kulturhistoriker Johan Huizinga, als er unserer Kultur Puerilismus bescheinigte. Für den Puerilismus sind Maßlosigkeit im Urteil und Unduldsamkeit gegenüber anderen Meinungen charakteristisch. Der Peter Pan von heute, das protestierende Kind, ist indiskret und lässt keine Gelegenheit vorübergehen, Privates in die Öffentlichkeit zu zerren.

Dass es überhaupt einen Unterschied zwischen jung und alt gibt, scheint heute genauso infrage gestellt wie der Unterschied zwischen weiblich und männlich. Dabei kann man den Unterschied zwischen kindlichem und erwachsenem Verhalten am Umgang mit dem Problem moderner Lebenskomplexität doch sehr gut ablesen. Erwachsene reduzieren Komplexität durch Vertrauen in die Institutionen. Sie beschränken sich auf das Machbare und sind zufrieden mit dem, was »gut genug« ist. Erwachsene Politik verfährt Schritt für Schritt. Und sie hat den Mut zur Triage, das heißt zur Setzung von Prioritäten bei der Verteilung knapper Ressourcen – man denke nur an die medizinische Versorgung in einem Katastrophenfall oder heute an die Entscheidung, welcher Flüchtling Anspruch auf Hilfe hat.

Kindlich ist demgegenüber ein Verhalten, das ärgerliche Komplexität platt schlagen will. Und stets ist es ein Herz für das Gute, das alles für alle will. Nur das Beste ist dann gut genug, und erreicht werden soll es mit einem Schlag. Das Bestehende erscheint als katastrophischer Prozess, der nur noch eine Option offen lässt, nämlich die Notbremse zu ziehen.

Dass Kinder sich als politische Aktivisten aufspielen, ist nur möglich, weil Erwachsene sich wie Kinder behandeln lassen und lassen wollen. Strukturell hat sich diese Einstellung im wohlfahrtsstaatlichen Paternalismus niedergeschlagen. Es gibt heute kaum mehr einen Lebensbereich, in dem man nicht von staatlichen Stellen in die richtige Richtung geschubst wird. *Nudge* nennt man das.

Es ist der logische Schlusspunkt einer Entwicklung, die man bis in die Anfänge der Neuzeit zurückverfolgen kann. Damals verschwand die Idee des guten Lebens zugunsten des nackten und dann des langen Lebens. Man kann es auch so sagen: Gesundheit ersetzte das gute Leben. Was zu Thomas Hobbes' Zeiten mit »protection and obedience« begann, endet heute mit »overprotection«, der Fürsorge des vorsorgenden Sozialstaates, die den konservativen britischen Abgeordneten Iain Macleod schon 1965 vom *Nanny state* sprechen ließ. Dieser Kindermädchenstaat nimmt uns von der Wiege bis zur Bahre an der Hand. Während der Staat also früher die Menschen vor Gefahren geschützt hat, werden wir heute, so die gute Formulierung des Soziologen Wolfgang van den Daele, vor der »Gefahr, Gefahren nicht zu erkennen«, geschützt – z. B. Gen-Food, Glücksspiel, Rauchen, Kohlenstoffdioxid.

Dass Bürger wie Kinder in die richtige Richtung geschubst werden, ist deshalb ein Problem, weil Vater Staat gar nicht will, dass seine Kinder erwachsen werden. Der Paternalismus des vorsorgenden Sozialstaates wird den Menschen aber nicht nur aufgezwungen – viele begehren ihn, denn er entlastet sie von der Bürde der Freiheit. Die verwaltete Welt ist für sie eine Wunscherfüllung. Der ehemalige Bundesverfassungsrichter Paul Kirchhof hat das so formuliert: »Die Freiheit vom Staat, die den selbstbewussten, zur autonomen Gestaltung seines Lebens fähigen Menschen voraussetzt, wandelt sich zu einer Freiheit durch den Staat, die den auf staatliche Wohltaten angewiesenen Menschen schützt.« Mit dem sanften Terror seiner Wohltaten rückt uns der vorsorgende Sozialstaat derart auf den Leib, dass man immer mehr die Fähigkeit zur rationalen Kritik verliert. Wir haben es dann mit Bürgern zu tun, die den Politikern zutiefst misstrauen und zugleich alles vom Staat erwarten. Nicht die »Politikverdrossenheit« ist dann das Problem, sondern die infantile Haltung gegenüber dem Staat.

Denkt man die Transformation der Bürger zu Kindern, Patienten oder Heiminsassen zu Ende, dann erscheinen die kulturkritischen Prognosen von Tocqueville, Nietzsche und Jacques Ellul gar nicht mehr so fantastisch. Sie haben eine infantile Gesellschaft der »letzten Menschen«, der fröhlichen Roboter und glücklichen Sklaven vorausgesagt. An die Stelle von Freiheit und Verantwortung sind dann Gleichheit und Fürsorge getreten. Die derart umfassend Betreuten brauchen gar keinen freien Willen mehr und empfinden die totale Vorsorge als Wohltat. Denn man muss einsehen, dass jede infantilisierende Politik entlastet – vom Ärger des Nachdenkens genauso wie von der Mühe des Lebens. Ein Netz präziser, kleiner Vorschriften liegt über der Existenz eines jeden und macht ihn auch in den einfachsten Angelegenheiten des Lebens abhängig von Vater Staat. Die Betreuer verstehen sich als die guten Hirten einer fleißigen Herde.

Die Programmierer und Betreuer des *Nudge* wollen natürlich nur unser Bestes. Den Schubser in die richtige Richtung, diese Regulierung der Lüste, halten sie für gerechtfertigt, weil die Bürger schwache Menschen sind, die vor der eigenen Willensschwäche geschützt werden müssen. Bestimmte Menschen scheinen dann autorisiert, in unserem Namen zu handeln und zu tun, was wir selbst tun würden, wenn wir rational denken und entscheiden könnten. Der paternalistische Staat, der ja nichts von uns als Personen wissen kann, versorgt uns dann mit den Dingen, die wir »vermutlich« wünschen – ganz unabhängig davon, was wir wirklich erstreben. Diese hochmoderne Form von Demokratie lässt sich von Despotismus kaum mehr unterscheiden. Es ist die Herrschaft der Betreuer, eine gewaltige, bevormundende Macht, die das Leben der Vielen überwacht, sichert und komfortabel gestaltet.

Die infantile Gesellschaft braucht den vorsorgenden Sozialstaat als eine Art Hoheitsverwaltung der Hilflosen. Denn die Welt der »letzten Menschen« zerfällt schon lange nicht mehr in Kapitalisten und Arbeiter, sondern in Selbständige und Betreute. Der Soziologe Helmut Schelsky hat diesem Thema schon in den frühen 1970er-Jahren ein ganzes Buch gewidmet – es ist aktueller denn je. Der Wohlfahrtsgedanke hat nämlich eine unheilvolle Eigendynamik entwickelt. Die Betreuer und Sozialarbeiter haben ein massives Interesse an der Hilflosigkeit ihrer Klientel. Und entsprechend fordert die infantile Politik heute ganz konsequent das Wahlrecht mit 16. Auf der anderen Seite sind diejenigen, die es gelernt haben, sich hilflos zu fühlen, nur noch mit »Gesellschaftskritik« beschäftigt. Diese dürfen sie dann als Stimme des Volkes in den Talkshows vortragen. Die Entmündigungspolitik, die ihre Wähler durch Sozialtransfers ködert, kann nämlich nur durch die sentimentale Begleitmusik der Massenmedien die nötige Gefühlsstütze bekommen.

Unterfüttert werden diese medialen Erziehungsbemühungen durch die Bildungsanstalten. Infantilisierend wirkt hier vor allem die Propaganda für Teamarbeit. Die Gruppe ist aber selbst die Krankheit, für deren Therapie sie sich hält. Dabei ist es völlig gleichgültig, ob es sich dabei um Gruppentherapie, Teamtraining oder soziales Lernen handelt – stets geht es um die Austreibung von Individualität und Wettbewerb. Aber das wird den Jugendlichen nicht einfach nur angetan. Die Propaganda für Teamarbeit, Partnerschaft und Gemeinschaft verstärkt nämlich das kindliche Vorurteil für Verteilungsgleichheit. Wer heute einen Job sucht, muss vor allem den Eindruck erwecken, »teamfähig« zu sein. Und Schülern bringt man im sogenannten sozialen

Lernen bei, dass Gruppenarbeit die einzige Lebensform des guten Menschen sei. Zusammen mit den immer stärker von politischer Korrektheit dominierten Lehrplänen bringen Schulen und Universitäten auf diese Weise konformistische Charaktere hervor, deren Konformismus an einem von Sozialkitsch, Moralismus und Realitätsflucht geprägten Programm orientiert ist. Wer solche Bildungsanstalten verlässt, ist oft rhetorisch und theoretisch hervorragend geschult, aber realitätsfremd und für den gesunden Menschenverstand fast unerreichbar. Und so unterscheiden sich die streikenden Schüler und die akademischen Intellektuellen in ihrer Reaktion auf die Ambivalenz und Komplexität der modernen Welt oft gar nicht so sehr von den ihnen so verhassten Populisten. Auf beiden Seiten herrschen Emotionalisierung, Trotz und Wut vor. Wie die Populisten sind auch die jugendlichen Aktivisten infantile Politiker. Die größte Gefahr geht dabei von denen aus, die behaupten, es sei keine Zeit mehr zum Nachdenken, jetzt müsse man handeln. Und wenn es sich gar um Wissenschaftler handelt, muss man wohl von einem Offenbarungseid sprechen.

Die Peter-Pan-Gesellschaft ist aber nicht nur das Produkt des staatlichen Paternalismus und politisch korrekter Bildungsanstalten. Auch die Wirtschaft fördert sie nach Kräften. Wenn gesagt wurde, dass sich Kindlichkeit gut verkauft, gilt das auch wortwörtlich, nämlich ökonomisch. Die Wirtschaft liebt die infantile Gesellschaft, denn sie macht aus den Bürgern und den Kindern die treuen Kunden des Entertainment- und Medienmarktes. Getragen wird das von der Generationenherrschaft der Babyboomer, die bis heute andauert. Repräsentiert werden sie von Rockstars, die eigentlich ins Altersheim gehören, sich aber nach wie vor weigern, die Bühne zu verlassen. Wenn Erwachsene aber nicht mehr erwachsen sein wollen, ist es nicht verwunderlich, dass ihre Kinder nicht erwachsen werden können. Den entsprechenden Konsumgeschmack brachte die Band Nirvana schon 1991 auf die Formel »Smells Like Teen Spirit«. Und der Trendforscher David Bosshart hat dies sofort als die neue Schlüsselidee des Marketings identifiziert. *Forever young* besagt: Man schaut als Eltern dieselben Filme wie die Kinder, liest dieselben Bücher und geht zusammen auf das Rock-Konzert.

Gestützt wird die infantile Gesellschaft auch von der »Benutzerfreundlichkeit« der neuen Medien. Die Genialität und Komplexität der Computertechnik bleibt in *Black Boxes* wie dem Smartphone wohltätig verborgen. Man kann sie gebrauchen, ohne sie zu verstehen. Sie sind »selbsterklärend« in dem Sinne, dass sie uns nur noch eine bunte Oberfläche von Icons und Buttons zeigen, die man antippen und anklicken kann. So ist eine Klick-Kultur von *like* und *link*, *cut* und *paste* entstanden. Man muss nichts wissen und nichts können, um zu posten und zu bloggen – ein Paradies des Exhibitionismus und Narzissmus.

Wenn diese Beobachtungen zutreffen, stellen sich zwei Fragen. Erstens: Warum bricht die infantile Gesellschaft nicht zusammen? Wohl nur deshalb, weil in den Hinterzimmern, den Maschinenhallen und den Kommandozentralen Erwachsene schweigend, klaglos und weitgehend unsichtbar ihre Arbeit tun. Vor diesem Hintergrund können wir die Verweigerung des Erwachsenwerdens als die Verweigerung der Bürgerlichkeit verstehen. Und die zweite Frage, die die zentrale Frage einer zweiten Aufklärung wäre, lautet: Gibt es für unsere Gesellschaft einen Ausgang aus der selbstverschuldeten Infantilität? Das könnte nur gelingen, wenn es zu einer Umwertung der in der postmodernen Kultur am meisten denunzierten Qualitäten käme: Bürgerlichkeit und Männlichkeit.

Nichts fällt dem infantilen Gemüt schwerer als Selbstdisziplin, Aufschub der Bedürfnisse, Diskretion, Logik – und vor allem: die Anerkennung der Ungleichheit. Freud ist die Einsicht zu verdanken, dass sich der ursprüngliche Neid der Kinder auf die Rivalen allmählich in die unerbittliche Forderung nach Gerechtigkeit verwandelt – und dass Schulen dabei eine Schlüsselrolle spielen. »Keiner soll sich hervortun wollen, jeder das gleiche sein und haben.« Das ist die infantile Dimension des Sozialen. Und daraus folgt umgekehrt: Wir sind erwachsen, wenn wir gelernt haben, mit der Ungleichheit zu leben. Wir verwechseln dann nicht mehr Ungerechtigkeit mit Ungleichheit. Ungerecht ist nämlich nicht die Ungleichheit, sondern das, was motivierte Menschen am Aufstieg hindert. Um das einzusehen, braucht man keine Theorie der Gesellschaft, sondern nur gesunden Menschenverstand. Der aber ist die knappste Ressource in der Peter-Pan-Gesellschaft.

Der grüne Papst

Welche Macht die Ökologie als Ersatzreligion in der entzauberten Epoche erlangt hat, zeigt sich an der Art und Weise, wie sich die überkommenen Konfessionen zu ihr verhalten. Während der Amazonas-Synode im Oktober 2019 staunte mancher nicht schlecht, dass die Arme der katholischen Kirche so weit ausgebreitet waren, dass auch die heidnische Fruchtbarkeitsgöttin Pachamama darin Platz fand. Wir können es gläubigen Katholiken überlassen, zu entscheiden, ob der Götzendienst schon den Vatikan erreicht hat. Viel wichtiger ist es, dass der Papst hier »neue Wege für die Kirche und eine ganzheitliche Ökologie« eröffnet hat. Das Ganze hatte einen intellektuellen Vorlauf. Die Enzyklika »Laudato si'«, in der sich Papst Franziskus nicht nur an die Katholiken, sondern an die ganze Menschheit zu wenden behauptet, liest sich wie eine Theologie der grünen Bewegung. Der eigentliche Adressat ist aber der Wohlstandsbürger der westlichen Welt – und das weckt den Verdacht, die katholische Kirche reite hier auf der höchsten Welle des Zeitgeistes (»Klimakatastrophe«), um verlorenen

Boden wieder gutzumachen. Denn in der Tat haben sich die religiösen Bedürfnisse der westlichen Welt so sehr in Richtung Umweltschutz verschoben, dass sie von den grünen Parteien und NGOs überzeugender befriedigt werden können als von den christlichen Kirchen. Deshalb suchen diese nun ihr Heil eben auch im Umweltschutz unter dem Titel »Schöpfungsbewahrung«. Wie konnte es dazu kommen?

Das Devotionsbedürfnis hat sich auf die Natur verschoben: die Umwelt als Übernatur. Diejenigen, die es entrüstet als Zumutung von sich weisen, Gott Vater anzubeten, huldigen ganz selbstverständlich einem Kult der Mutter Erde. Und der hat alle Evidenzen der modernen Medienwelt auf seiner Seite; das schon erwähnte Foto der aus dem Weltraum gesehenen Erde hat der Öko-Religion eine unvergleichliche Aura verschafft. Dieses Bild steht für die Sakralisierung der Erde und die große Rückwendung des menschlichen Interesses von der Vermessung des Unermesslichen zur Sorge um die eigene Endlichkeit.

Das Wunder ist der theologische Begriff für die Ausnahme, die das Gesetz der Natur nicht akzeptieren kann. Da wiegt es besonders schwer, wenn ausgerechnet der Philosoph Hans Blumenberg, der überzeugend wie kein anderer die für die Selbstbehauptung der Neuzeit konstitutive wissenschaftliche Neugier legitimierte, am Ende seiner Beschreibung der kopernikanischen Welt den blauen Planeten Erde als das »Wunder der Ausnahme« feiert. In dieser Pastorale scheint sich der Philosoph mit den neuen Hirten des Seins zu treffen. Sie wollen die Schöpfung bewahren, statt auf die Erlösung zu hoffen. Doch die entscheidende Differenz liegt in der Hybris der Schöpfungsbewahrer. Und Blumenberg hat sie mit ironischer Schärfe benannt: »Der Mensch besorgt die Sache Gottes, nicht als dessen Nachahmer, sondern als dessen Schadenbereiniger, Nachhilfelehrer, wenn nicht gar als dessen Nachlassverwalter.«

Die Enzyklika »Laudato si'« von Papst Franziskus und der Festvortrag des Direktors und Chefökonomen des Potsdam-Instituts für Klimafolgenforschung, Ottmar Edenhofer, anlässlich der Verleihung des Romano Guardini Preises 2018 erhellen sich gegenseitig. Mit einem gewissen Stolz stellt Edenhofer fest, dass der Einfluss seines Buches *Global, aber gerecht* auf die Enzyklika »kaum überschätzt werden« könne. Und umgekehrt liest sich der Festvortrag des Jesuiten Edenhofer wie eine lange Fußnote zu »Laudato si'«. Wie dem Papst geht es ihm um den »menschengemachten Klimawandel«.

Weil in diesem Zusammenhang immer gleich von der Kontrastfigur des uneinsichtigen »Klimaskeptikers« die Rede ist, sollte man daran erinnern, dass Skepsis eine zutiefst wissenschaftliche Haltung ist und die »Klimaskeptiker« ja in der Regel nicht den Klimawandel leugnen, sondern die alleinige Verantwortung des Menschen. Überdies bezweifeln sie den Sinn der Weltuntergangsszenarien, die die öffentliche Diskussion über den Klimawandel beherrschen. Und ist es wirklich die Aufgabe eines Wissenschaftlers, die Politiker zum Handeln zu ermuntern, »auch wenn es Zweifel über das Ausmaß der Klimaschäden gibt«? Sicher sollte man nicht Geige spielen, wenn Rom brennt. Aber, so sagte ein kluger Mann, es ist dann durchaus sinnvoll, die Gesetze der Hydraulik zu studieren.

Sehr richtig bemerkt Edenhofer, dass es in der Klimapolitik nicht nur um wissenschaftliche Fakten geht. Vielmehr spielen »Konflikte um Weltanschauungen und Werte« eine Schlüsselrolle. Genau deshalb aber ist das Plädoyer der Enzyklika für eine »froh und authentisch gelebte ganzheitliche Ökologie« utopisch. Der Traum von der *One World* lebt eben davon, dass es möglich sei, »alle großen Werte zu fördern und miteinander zu verbinden«. Genau das ist aber völlig unrealistisch; der Wertekonflikt ist, das war Max Webers große Einsicht, nicht zu schlichten. Ein simples Beispiel. Die Schönheit der Schöpfung ist einer dieser großen Werte, wie Papst Franziskus zu Recht bemerkt. Doch wie verträgt sich das mit den Windrädern, die, mit bestem ökologischem Gewissen errichtet, die schönsten deutschen Landschaften verschandeln?

Edenhofer ist klug genug, die naheliegendsten Einwände gegen seine katholisch-ökologische Weltanschauung zu antizipieren, um sie dann zu entkräften. So stellt er sich die rhetorische Frage, ob es sich nicht um Hybris handle, wenn der Mensch sich zutraue, durch politische Eingriffe in unsere Lebensformen das Klima zu steuern und dadurch die Welt zu retten. Vielleicht handelt es sich aber gar nicht um Hybris, sondern um mangelndes Komplexitätsbewusstsein. Denn so etwas wie einen »Erdsystemforscher« kann es nicht geben. Hier wäre tatsächlich Demut angebracht – Demut vor der Unberechenbarkeit und Unvorhersehbarkeit komplexer Systeme. Überall da nämlich, wo es um Komplexität, also Kontingenz, also Risiko, also Entscheidung geht, gibt es kein überlegenes Wissen. Gewiss ist unser blauer Planet »eine einzige Welt«, wie Papst Franziskus sagt. Aber es wird nie zu einem »weltweiten Konsens« über einen »gemeinsamen Plan« zur Weltregierung kommen. Denn das widerspricht nicht nur dem unentrinnbaren Wertekonflikt, sondern – viel wichtiger noch – unserer Freiheit.

Die Propheten der Apokalypse

Unterstellen wir, die Hinwendung der Kirche zum Umweltbewusstsein folge marketingstrategischem Kalkül, so stellt sich dennoch die Frage, welche Folgen die Integration der Glaubensbestände des postreligiösen Religionsersatzes für die über Jahrtausende gewachsene Lehre nach sich zieht. Unter der Behauptung, dass künftige Generationen darunter leiden müssen, wenn wir unseren westlichen Lebensstil fortsetzen wie bisher, wird dem Genießen durch das ökologische Bewusstsein ein schlechtes Gewissen gemacht. Damit bedient es die Sehnsucht nach einer asketischen Politik, die die Erbsünde überwindet. Das asketische Ideal der Grünen unterscheidet sich aber sehr wesentlich von dem der Christen. Denn in der christlichen Perspektive war der Untergang der Welt ja der Übergang in eine Welt der heilen Fülle und wahren Freude – ein Übergang, der die Verachtung des Genießens während der eigenen Lebenszeit immerhin rechtfertigte. Die Naherwartung des Weltendes war attraktiv, weil das versprochene Heil den Untergang kompensierte. Für das ökologische Bewusstsein dagegen ist der drohende Weltuntergang selbst der Kern seiner Politik des schlechten Gewissens und die Rechtfertigung seiner asketischen Forderungen. Die Gegenwart kann dann nicht mehr genossen werden, weil eine drohende Zukunft sie derart unter Druck setzt, dass die Angst vor der Katastrophe zur einzig adäquaten Grundstimmung wird.

Wir haben es hier mit einer extremen Dramatisierung des fundamentalen Sachverhalts zu tun, dass die Zukunft unserer wissenschaftlich-technischen Zivilisation unbekannter ist als je eine Zukunft zuvor. Und diese unbekannte Zukunft wird von den Propheten der Apokalypse als drohende Zukunft vergegenwärtigt – im Bild der Katastrophe. So hat Walter Benjamin gleich mehrere Studentengenerationen mit dem Gedanken infiziert, die Katastrophe sei nichts, was uns noch bevorstehe, sondern dieses Leben jetzt. In den Weltereignissen sieht sein »Engel der Geschichte« nur »eine einzige Katastrophe, die unablässig Trümmer auf Trümmer häuft«. Im Pop-Jargon der 1980er-Jahre hieß das dann: *No future!*

Vor dem Hintergrund dieses Populärpessimismus lässt die triviale Lebensweisheit »Man lebt nur einmal« zwei Lesarten zu. Das einmalige Leben genügt einigen »Innengeleiteten«, die in der Lage sind, ihr Leben sinnvoll oder genussreich zu führen. Die anderen wollen glauben, dass sich in ihrer Lebenszeit das Bedeutende ereignet. Und da man heute nicht mehr an Utopien glaubt, bleibt als das Nochniedagewesene nur die Apokalypse. Wenn die Welt noch in meiner Lebenszeit untergeht, habe ich Anteil an dem schlechthinnigen Erlebnis, in dem – so eine gute Formulierung von Hans Blumenberg – Weltzeit und Lebenszeit zusammenfallen. Und genau das versprechen die Propheten der Apokalypse. So ist sich Ulrich Horstmann in seiner nihilistischen Anthropologie *Das Untier* gewiss, »dass wir selbst der auserwählten Generation angehören, die die apokalyptischen Visionen des Mythos in die Wirklichkeit übersetzen wird und damit die uralte Sehnsucht der Gattung, nicht mehr sein zu müssen, in Erfüllung gehen lässt«. Hier wird deutlich, welche Aufwertung der eigenen Existenz in diesem Unheilsstolz liegt: Die Lage war noch nie so ernst – wir leben in einer unvergleichlichen Zeit!

Dass es dabei oft weniger um den konkreten Sachverhalt als um ein Begehren nach einem Ausnahmeschicksal geht, zeigt, dass die ökologische Untergangsprophetie nur eine von vielen Ausdrucksformen der Angstlust ist: Auf die goldenen Jahre nach dem Fall der Berliner Mauer folgten der islamistische Terror, die neue Völkerwanderung, die drohende »Klimakatastrophe« –

ganz gleichgültig, ob der Krieg gegen den Terror schon gewonnen ist oder nicht; ob die weltweite Massenmigration den »Untergang des Abendlandes« bedeutet oder nicht; ob die »Klimakatastrophe« das Phantasma einer Weltuntergangssekte oder eine reale Bedrohung ist – und zuletzt das Corona-Virus, das als unsichtbarer Feind für den Horror besonders prädestiniert ist.

Sinn ist das absolute Erlebnis der Prägnanz. Und die Katastrophe ist die Negativfigur des Sinns. Wir müssen uns nun fragen: Was ist so faszinierend an dieser Art der Katastrophe? Bei Systemen gibt es eben nur das Funktionieren: Es läuft, solange es läuft; alles geht, wenn es geht; oder aber die Katastrophe. Und zwischen dem Funktionieren und der Katastrophe existiert kein Übergang, keine konzeptionelle Brücke. Das heißt im Klartext, dass Unfälle uns nichts über das Funktionieren lehren. Aber umgekehrt gilt eben auch: Keine Statistik, keine Mathematik und keine Erfahrung kann uns auf eine Katastrophe vorbereiten. Die Katastrophe ist just der Fall, für den man die modernen Techniken von Statistik, Risikokalkül und Expertenurteil nicht akzeptiert. Rationalität hat hier keine Chance einzuhaken.

Katastrophe und Angst sind also genau komplementär. Und jedem, der es anders, also undramatischer sieht, kann man erfolgreich Unsicherheit unterstellen. Der 22. Februar 1993 war der Montag, an dem es Gift regnete – der »gelbe Regen« über Schwanheim. Die Bevölkerung war durch den Störfall bei Höchst in keinem Augenblick gefährdet, hieß es dann – aber wer sagt das? Experten? Für Atomkraftwerke westeuropäischen Standards erwartet man einen GAU erst in Jahrmillionen. Aber was heißt das – nach Tschernobyl und Fukushima – für morgen? Das Urteil über die Wahrscheinlichkeit des GAU ist letztlich subjektiv.

Solche Unsicherheiten sind unreduzierbar, und die Angst ist nicht durch Argumente zu widerlegen. Vor diesem Hintergrund kann man nun die reine Negativfigur des Sinns beschwören. Gerade die Katastrophe ist eine Sinnform mit hohem Marktwert. Und natürlich gelten auch hier die neuen Standards der Globalisierung. Vom Untergang bedroht ist nicht nur dieses oder jenes System, sondern Welt schlechtweg. So präsentieren die Warner und Mahner ihre Extrapolationen des Schreckens mit der Apokalypse als Unique Selling Proposition. Was hier auf dem Markt der Gefühle angeboten wird, war noch niemals da. Die Wende der Welt steht mir selbst bevor: das absolute Erlebnis.

Gegen die Angst hilft nur eine andere Angst. Das kann man zurzeit sehr schön beobachten. Jahrzehntelang hatten wir Angst vor den Atomkraftwerken. Seit genau zwanzig Jahren haben wir Angst vor der Klimakatastrophe. Heute ist die Angst vor der Energiekatastrophe erwacht. Und die Aussicht, dass bald die Lichter ausgehen, lässt viele schon jene Urangst vor der Atomkraft vergessen. Auf den Film *The Day After* über die Atomkatastrophe folgte der Film *The Day After Tomorrow* über die Umweltkatastrophe. Welche Apokalypse wird uns der Tag nach übermorgen im Kino zeigen?

Dass wir es heute mit einem Massenkonsum von Weltuntergangsfantasien zu tun haben, lässt wohl nur eine Erklärung zu: Offenbar wächst die Zahl der Menschen, die nicht die Lebensmöglichkeiten genießen, die die Gegenwart ihnen bietet, sondern ihre Angst vor der Zukunft. Wie der Traum ist nämlich auch die Katastrophenfantasie eine Wunscherfüllung. Sie schenkt Angstlust. Und auch im Fernsehen wird die Welt tagtäglich als Skandal und Katastrophe präsentiert. Paradoxerweise hat das aber nicht nur eine irritierende, sondern auch eine stabilisierende Wirkung. Die fernen Bilder des heutigen Schreckens stoßen uns nämlich auf die gemeinsame Zukunft aller Menschen in der modernen Gesellschaft. Katastrophen nivellieren; sie machen uns alle gleich in der Unsicherheit. Die ökologische Katastrophenperspektive verwandelt die Weltgesellschaft in eine Schicksalsgemeinschaft, an der alle teilnehmen.

Das Zeitalter der Massenmedien ist das Zeitalter der Angstrhetorik. In der gesellschaftlichen Diskussion besetzen die Warner und Mahner die Position des Weisen. Das erspart ihren Anhängern die Komplexität des Wissens – und des Nichtwissens. Weisheit ersetzt nämlich Wissen durch Reinheit, vor allem durch die Reinheit der Angst um die Welt. Und dagegen ist kein wissenschaftliches Kraut gewachsen. Im Gegenteil: Wissenschaft schrumpft im Blick auf die Zukunft der Welt zum *Ignorabimus*. Deshalb ist es so schwierig, im Kontext ökologischer Debatten für Komplexitätsbewusstsein zu plädieren. Wissenschaft macht es dem aktivistischen Umweltbewusstsein nämlich nicht leichter, sondern schwerer. Der Zusammenhang zwischen Veränderungen der Gesellschaft und denen ihrer Umwelt wird – je mehr wir »davon« wissen – immer unklarer. Wolfgang Streeck hat das einmal sehr schön als »überschaubar gewordene Unüberschaubarkeit« bezeichnet. Und prinzipiell gilt das Popper-Axiom: Je mehr das Wissen die Zukunft prägt, desto weniger kann man von der Zukunft wissen.

Bei komplexen Problemen gibt es keine Beweise, sondern nur selektive Fakten, die Evidenz für bestimmte Argumente liefern. Deshalb gibt es zu jedem Gutachten ein Gegengutachten, zu jedem Pro ein Contra. Auch deshalb gibt es heute einen exponentiell wachsenden Markt der Kommunikation über ökologische Probleme. Hier machen die Warner und Mahner mit der »Natur« Karriere. Negative Prophezeiungen, die unbestimmt genug sind, kann man nicht entkräften. Wer also behauptet, dass die Welt in hundert Jahren ökologisch zerstört sein wird, ist unwiderlegbar. Wer Schlimmes erwartet, ist nämlich immer auf der sicheren Seite. Schlimmstenfalls – und das heißt für den Warner ja: wenn das Schlimme nicht eintritt – kann er immer noch sagen, dass es besser gekommen ist, weil er gewarnt und gemahnt hat. Also verdanken wir der modernen Kassandra, dass wir noch einmal davongekommen sind.

Marxisten müssten nach dem Geschäftsmodell fragen, das hinter der Klimahysterie steckt. Das *Greenwashing* der Weltwirtschaft ist so evident, dass es keines neuen Nachweises mehr bedarf. Interessanter ist das Geschäftsmodell der kassandrischen Intelligenz. In dieser Welt der Warner und Mahner wird die Apokalypse zur Ware. Die Bedingung dieser Möglichkeit liegt in der Logik der Massenmedien: Nur schlechte Nachrichten zählen! Nur *Bad News* sind *News*. Und hier gibt es eine fatale Lernkurve, die der berühmteste Vertreter der positiven Psychologie, Martin Seligman, genau analysiert hat. Er spricht von erlernter Hilflosigkeit. Gemeint ist, dass man lernt, sich hilflos zu fühlen, wenn man andere beobachtet, die unkontrollierbaren Ereignissen ausgesetzt sind –

zum Beispiel Naturkatastrophen. Und Massenmedien exponieren uns täglich der Unkontrollierbarkeit.

Der Tenor der massenmedialen Angstkommunikation ist derselbe, den wir vom Warnhinweis der Arzneimittelwerbung kennen: »Zu Risiken und Nebenwirkungen ...«. Nichts ist ungefährlich. Dieser Angstbereitschaft entsprechen in der Regel gar keine realen Gefahren – im Gegenteil. Wir haben es mit der paradoxen Situation zu tun, dass die Menschen, je sicherer sie leben, desto ängstlicher auf Restrisiken reagieren. Die massenmediale Überbetonung minimaler Risiken führt also zu dem, was der Philosoph Odo Marquard einmal das Prinzessin-auf-der-Erbse-Syndrom genannt hat: je weniger Gefahren, desto mehr Befürchtungen. Je bequemer und entlasteter das Leben, desto größer die Angstbereitschaft und Erregbarkeit. Man könnte von einem Angsterhaltungssatz sprechen. Auch wenn sich alles bessert, bleiben die schlechten Gefühle konstant.

Doch damit nicht genug. Es ist heute kaum mehr möglich, sorglos in den Tag hinein zu leben. Man wird geradezu verpflichtet, sich Sorgen zu machen. Der Soziologe Niklas Luhmann bemerkt dazu: »Die Ethik der Sorge für das Nichteintreten von Katastrophen ist so generalisiert, dass man sie jedem aufdrängen und moralisch zumuten kann.« Wer etwa über den Klimawandel ohne Anzeichen des Entsetzens spricht, wird als Zyniker behandelt. Damit hat unsere Gesellschaft die maximale Entfernung von den Idealen der Aufklärung erreicht: Angst ersetzt die Vernunft. Wenn die Angst aber erst einmal einen stabilen Eigenwert gebildet hat, kann man sie nicht mehr bekämpfen.

So leben wir heute in einer Kultur, in der Angst, Schuldgefühl und Selbstbestrafung sich gegenseitig verstärkend ineinander greifen. Und genau diesen Komplex kann man bewirtschaften. Die Warner und Mahner, die Bedenkenträger und Betroffenheitsdarsteller sind, mit einem guten Wort von Howard S. Becker, »moral entrepreneurs«, also Moralunternehmer. Sie sind die aggressiven Kreuzritter der sozialen Bewegungen. Als Angststellvertreter kommunizieren sie Betroffenheit über die Betroffenheit anderer. Und gehandelt werden dabei empirische Apokalypsen, heute natürlich vor allem die »Klimakatastrophe«. Die Moralunternehmer setzen dabei alles daran, dass neue Lebensregeln in Gesetzesform gegossen werden, die dann alle, die sich den Kreuzzugszielen verweigern, zu ewiggestrigen Außenseitern stempeln.

Empirische Apokalypsen

Der Philosoph Hermann Lübbe hat einen sehr guten Begriff zur Beschreibung einer modernen Zeiterfahrung geprägt, in der sich Menschen auf Endzeitkatastrophen einstellen: empirische Apokalyptik. Zunächst drohten uns Nuklearwaffen zurück in die Steinzeit zu bomben. Und selbst wenn es nicht zum Schrecken eines nuklearen Winters kommen sollte, würde uns die friedliche Nutzung der Kernenergie der tödlichen Strahlungsgefahr des Atommülls aussetzen. Empirische Apokalyptik in etwas kleinerem Format boten dann das Ozonloch, die Zerstörung des brasilianischen Regenwaldes, der saure Regen, die Müllberge, der Verkehrsinfarkt und heute vor allem Kohlenstoffdioxid. Nicht zu vergessen die allgegenwärtigen karzinogenen Chemikalien.

Wir können diese Angstszenarien aber noch viel weiter zurückverfolgen, nämlich bis ins 19. Jahrhundert. Und schon damals haben sich dabei vor allem die Deutschen hervorgetan. 1865 beschwört der Physikprofessor Rudolf Clausius den Wärmetod. 1981 prophezeit der Bodenforscher Bernhard Ulrich das Waldsterben. Nur die Klimakatastrophe verdankt sich nicht deutscher Einbildungskraft: 1988 verkündet James Hansen weltweit publikumswirksam die »globale Erwärmung«. Pünktlich zu einer Anhörung des amerikanischen Senats konnte der NASA-Wissenschaftler den endgültigen Take-off des Treibhauseffekts ankündigen.

Das Terrain für einen Publikumserfolg der empirischen Apokalyptik war damals publizistisch schon sehr gut vorbereitet. 1962 erschien ein Buch der Biologin Rachel Carson mit dem Titel *Der stumme Frühling*. Es wurde zum Startmechanismus der Umweltbewegung. Im Wesentlichen geht es um die verheerenden Auswirkungen des großflächigen Einsatzes von Pestiziden: Die Giftstoffe kontaminieren Wasser und Erde – und am Ende erkranken die Menschen. Apokalyptisch ist der Tod hier jedoch noch nicht. Das ändert sich drastisch mit dem Buch wiederum eines Biologen, das 1968 erschien: Paul Ralph Ehrlichs *Die Bevölkerungsbombe*. Wie der Titel schon alarmistisch verdeutlicht, geht es hier um die These, dass die Überbevölkerung der Erde zu katastrophalen Hungersnöten führen werde – und nicht erst in ferner Zukunft. Schon in den 1970er-Jahren würden Hunderte Millionen verhungern.

Dass diese Prophezeiung recht rasch widerlegt wurde, änderte nichts daran, dass Ehrlichs Buch einen Neo-Malthusianismus salonfähig machte, der die Endlichkeit der Ressourcen und die Grenzen des ökonomischen Wachstums mit einem Fünf-vor-zwölf-Pathos behauptete und deshalb eine Kontrolle des Bevölkerungswachstums und die Allmacht des Staates in allen Umweltfragen forderte. Damit war ein neues Genre geboren: die apokalyptische Trendforschung. Berühmt geworden ist dann der Bericht des Club of Rome von 1972: *The Limits to Growth*. Er fordert eine kopernikanische Wende vom Wachstum zum Gleichgewicht. Andernfalls müssten wir mit einem globalen Zusammenbruch schon Mitte des 21. Jahrhunderts rechnen. Dazu passte sehr gut die Ölkrise, die es auch dem Durchschnittskonsumenten deutlich machte, dass es so etwas wie absolute Ressourcenknappheit geben könnte. Dazu genügt das kleine Trauma, an der Tankstelle kein Benzin mehr zu bekommen, oder wie in Deutschland an Sonntagen nicht mehr auf Autobahnen fahren zu dürfen.

Seither sind die Katastrophenszenarien unüberschaubar geworden. Aber auch in den populären Massenmedien haben die empirischen Apokalypsen Konjunktur. Täglich bombardieren uns die Medien mit Hochrechnungen, die das Ende ankündigen: In zwanzig, vierzig, hundert ... Jahren sind die fossilen Brennstoffe der Erde verbraucht; sind die Alpen-Gletscher durch die Erderwärmung abgeschmolzen; steht Holland unter

Wasser, weil die Polkappen schmelzen; haben Antibiotika ihre Wirkung verloren – und so fort. Al Gores Film *Eine unbequeme Wahrheit* beginnt mit dem Satz: Die Menschheit sitzt auf einer tickenden Zeitbombe. Und dann wird, mit Bezug auf Wissenschaftler, eine Frist genannt, die uns noch zur Umkehr bleibt – in Gores Fall: zehn Jahre. Das war 2006. Was sich derart als Weckruf an die Menschheit inszeniert, ruft nur uralte Ängste und kollektive Paniken der Vorzeit wieder auf.

Welche ideologischen Implikation derartige Darstellungen haben, ist klar: Die Propheten der Apokalypse denunzieren den technischen Fortschritt und das wirtschaftliche Wachstum genauso wie den freiheitlichen Individualismus. Doch warum wird – und daran lässt sich heute nicht mehr zweifeln – die Weltöffentlichkeit immer empfänglicher für derartige Horrorszenarien? Um diese Frage zu beantworten, lohnt es sich, einen Schritt aus unserem Themenkreis »Umweltschutz« herauszutreten.

Der Kalte Krieg war eine Balance des Schreckens, die von einem spieltheoretischen Kalkül der Abschreckung bestimmt war. Erst die Antizipation des Atomkriegs hat aus der Menschheit ein plausibles Subjekt gemacht, dem man zutrauen muss, dass es Selbstmord begeht. Die Welt verwandelte sich damit in eine Gemeinschaft der Angst, die nicht nur von der unvorstellbaren Zerstörungskraft der Atomwaffen geprägt war, sondern auch von der Vorstellung, an der militärisch-politischen Entscheidungsspitze seien Wahnsinnige am Werk. Stanley Kubricks Film *Dr. Strangelove* hat das sehr gut zum Ausdruck gebracht. Nachdem nun aber der Kalte Krieg gewonnen war, entstand hier ein Vakuum der Angst. So meinte Richard Nixon, dass Amerika sein Selbstverständnis und seine Vormachtstellung nur behaupten könne, wenn es gelingen würde, die Menschen mit einer »mission beyond peace« zu faszinieren. Diese Mission ist heute der Kampf gegen die Klimakatastrophe.

Der Begriff »Klimanotstand« ist bereits mehr als zehn Jahre alt. Ins Bewusstsein der deutschen Öffentlichkeit ist er aber erst gedrungen, als ausgerechnet die schöne Bodenseestadt Konstanz am 2. Mai 2019 diese Zwangslange ausrief. Das EU-Parlament folgte dann am 28. November 2019. Es handelt sich um eine symbolische Ausrufung ohne unmittelbare Rechtsfolgen. Da der Begriff »Notstand« aber impliziert, dass dringend und unverzüglich gehandelt werden muss, wird zumindest suggeriert, dass sich unsere Gesellschaft im Ausnahmezustand befindet. Hier steht also nicht weniger als das Ganze auf dem Spiel. Und da der Ausnahmezustand eine Diktatur ermöglicht, liegt für die sogenannten Klimaskeptiker der Verdacht nahe, dass es sich nur um einen ersten Schritt zur Öko-Diktatur handeln kann.

Deutlicher gesagt: Der Begriff »Klimanotstand« unterstellt einen Ausnahmezustand, der die Umweltaktivisten in die Lage versetzt, für die dringende »gute Sache« die Demokratie außer Kraft zu setzen.

Wenn wir das Problem generalisieren, stellt sich die Frage: Wie ist im Fall von Unsicherheit vorzugehen? Die katholische Moraltheologie kennt den sogenannten Tutiorismus: Man wählt die sichere Alternative, befolgt das Geltende und geht immer das geringste Risiko ein. Das widerspricht natürlich dem Geist der risikofreudigen Moderne. Begründet wird die risikoaverse Haltung damit, dass angesichts heutiger Großtechnologie das *Placet experiri* und das *In dubio pro libertate* nicht mehr gelten – man kann sich hier keinen Irrtum mehr leisten.

Doch wer entscheidet? Zu Ausnahmezuständen, in denen nach der Meinung einiger das Ganze auf dem Spiel steht, während die Mehrheit träge auf dem Status quo beharrt, gibt es bei dem Philosophen Robert Spaemann einen Satz, den man gut als Legitimation einer Öko-Diktatur missbrauchen könnte: »In solchen Situationen ist jeder Kompetente berechtigt, die Mehrheit, wenn er kann, zu entmachten und unter Kuratel zu stellen.« Wem dieses Wissen naturgemäß zugeschrieben wird, lässt sich in der Berliner *tageszeitung* nachlesen, die immer für Klartext gut ist. Am

1. Juni 2019, also mit Blick auf die Europawahl, hieß es dort: »Was wir brauchen, ist eine Epistokratie der Jugend: das Wahlalter herabsenken und nach oben begrenzen«. Der panikgetriebenen und irritationsunfähigen Überzeugung ist also eine antidemokratische Tendenz eingeschrieben, die unerwünschten Stimmen das Rederecht entzieht und auf eine autoritäre Lösung zielt.

Indem die Politik der Angst aus Problemen Katastrophen macht und den Notstand ausruft, schließt sie Kompromisse aus und ruft nach dem Führer aus der Gefahr. Nicht von ungefähr verehren viele Greta als Führerin aus der Klimakatastrophe, und sie selbst appelliert an die Führer der Welt, die Notbremse im rasenden Zug des Fortschritts zu ziehen. Nichts ist für autoritäre Herrschaft günstiger als der Ausnahmezustand. Hier gibt es kein *piecemeal social engineering* mehr, wie es Sir Karl Popper von einer vernünftigen Politik gefordert hat, sondern nur noch die Erlösung im radikalen Bruch mit dem Leben, das wir bisher kannten. Rilkes »Du musst dein Leben ändern« ist aber eine religiöse, keine politische Forderung.

Der hysterische Stil der heutigen Klimapolitik läuft immer auch Gefahr, ins Paranoische umzukippen. Hier hilft die Erinnerung an den Ökofaschismus des Unabombers weiter. Theodore Kaczynski war ein naturverbundener Anarchist und Maschinenstürmer – gleichzeitig aber auch ein

Mathematikgenie. Er zog sich in eine Holzhütte in der Wildnis zurück, um dort ein möglichst autarkes Leben zu führen. Das war nur konsequent, denn nach seiner festen Überzeugung zerstörte das industriell-technische System die Welt und die Menschheit. Nachdem er zahlreiche Briefbomben verschickt hatte, war er bereit, sein mörderisches Tun einzustellen, als die *New York Times* sein Manifest veröffentlichte. Das war wohl die erste Kriegserklärung an die Feinde der Umwelt.

Natürlich nimmt der Kampf gegen die »Klimaleugner« normalerweise andere Formen an. Das beginnt schon mit dem Begriff Klimaleugner. Da es wohl niemanden auf der Welt gibt, der das Klima leugnet, muss der Begriff etwas anderes meinen, als er sagt. Da es auch kaum mehr jemanden gibt, der den Klimawandel leugnet (denn der ist so alt wie die Erdgeschichte), kann es sich nur um diejenigen handeln, die bezweifeln, dass der Klimawandel menschengemacht ist. Hier soll aber, der Dringlichkeit des Handelns wegen – Stichwort: Klimanotstand – nicht weiter differenziert werden. Und damit sind wir wieder bei den weißen Lügen, den gut gemeinten groben Übertreibungen bei der Verbreitung von Informationen über Gefahren wie BSE, AIDS, Hautkrebs, Glyphosat, Feinstaub usf.

Heute sind viele Politiker und Journalisten der Auffassung, dass man Panik als Instrument der

Aufklärung einsetzen darf. Man will die Menschen erziehen, indem man ihnen Angst einjagt. Und so ersetzt Panik in den meisten Umweltdiskussionen das Argument. Panikszenarien, die jeden Zweifel ausschließen wollen, auch wenn es keinerlei wissenschaftliche Evidenz gibt, werden dadurch gerechtfertigt, dass die Kosten eines Irrtums zu hoch wären. Man will zum Handeln antreiben, auch wenn niemand sagen kann, ob die vorausgesagten Katastrophen jemals eintreffen werden. Es geht also um Gefahren, die man nur vermeiden kann, indem man darauf verzichtet, Gewissheit über sie zu erlangen. Deshalb konnte der Ironiker Niklas Luhmann sagen, Panik löse »präventives Unheil« aus. Anders formuliert: Der irreversible, katastrophische Einfluss menschlichen Handelns auf die Umwelt, deren Konsequenzen von der Wissenschaft eben nicht mit Sicherheit vorausgesagt werden können, nötigt zum Handeln, bevor man das jeweilige Problem versteht. Das ist schlicht ein Lob der Ignoranz.

Was früher Sache der Pfaffen war, nämlich Strafgerichte zu prophezeien und Bußfertigkeit zu predigen, das übernehmen heute die alarmistischen Umweltaktivisten, die Steuergelder wie eine Art Ablass für sich und ihre Sache reklamieren. Und zunehmend wird empirische Apokalyptik zum erfolgreichen Geschäftsmodell – leider auch für Wissenschaftler.

Wissenschaftler, die Katastrophen vorhersagen, sind populär und immun gegen Kritik. Das kann man am besten an dem gerade schon erwähnten amerikanischen Biologen Paul Ralph Ehrlich beobachten. Er ist der von Preisen überhäufte Präsident des Center of Conservation Biology an der Stanford University und Mitglied zahlreicher Wissenschaftsorganisationen. 1980 wettete Ehrlich öffentlich mit dem Ökonomen Julian L. Simon, dass bestimmte Metalle in den nächsten zehn Jahren knapp werden und deshalb im Preis stark ansteigen würden. Ehrlich verlor die Wette, denn die Preise waren sogar gefallen. Doch das hat die apokalyptische Trendforschung nicht irritiert, im Gegenteil.

Vor hundert Jahren wollte Max Weber mit der Unterscheidung zwischen wissenschaftlicher Analyse und politischer Stellungnahme seine Kollegen auf intellektuelle Rechtschaffenheit verpflichten. Seine Gegner waren die Kathederpropheten: »Tausende von Professoren als staatlich besoldete oder privilegierte Propheten in ihren Hörsälen«, die auf das Unheil harren und damit »fanatische Sekten« schaffen. In der gesellschaftlichen Diskussion besetzen die Kathederpropheten auch heute wieder die Position des Weisen. Über diesen Typus des Unheilspropheten heißt es bei Weber: »Er scheint oft förmlich zu schwelgen in der Vorstellung von der Entsetzlichkeit des von ihm angekündigten, sicher kommenden Unheils des eigenen Volks.« So tritt er als Glaubenskrieger gegen die Ungläubigen, also heute gegen die »Klimaleugner«, auf.

Als Prophet wird der Wissenschaftler zum Demagogen und Journalisten. Dass seine Prophezeiungen nicht eintreffen, schwächt seine Glaubwürdigkeit nicht – und das ist erklärungsbedürftig. Der Unheilsprophet selbst wird von einer »self-destroying prophecy« sprechen. Das bedeutet: Die Katastrophe ist nicht eingetroffen, weil ich davor gewarnt habe! Doch dass die apokalyptischen Trendforscher gegen jede Kritik immun sind, hat noch einen zweiten, weit wichtigeren Grund. Sie machen den Menschen ein quasireligiöses Angebot der Sinnstiftung und einheitlichen Lebensführung. Wissenschaftlichkeit und Skepsis können da nur stören. Man kann sich das Denken sparen, wenn man moralisiert und protestiert.

Reale Katastrophen

Die Katastrophenfantasien leben natürlich nicht nur von der Kraft der Imagination, sondern sie können auch auf die Dokumentation einer Fülle realer Katastrophen zurückgreifen. Als vor 66 Millionen Jahren ein Asteroid von dreieinhalb Billionen Tonnen auf die Erde aufschlug, starben die Dinosaurier aus. Aber es war, darauf hat Stanislaw Lem immer wieder hingewiesen, eben auch die Geburt des Menschen aus einer globalen Katastrophe. Als der Vulkan Thera vor 3500 Jahren ausbrach, war der Untergang der minoischen Kultur besiegelt, und die mythische Erinnerung daran ist seit Platon mit dem Namen Atlantis verknüpft. Der Ausbruch des Vesuvs im Jahre 79 verschüttete Pompeji – diese größte Stadtruine der Welt ist bis heute das Faszinosum der Archäologen. Soweit die berühmtesten Beispiele aus Urzeit und Antike.

In der Neuzeit ist vor allem an das große Erdbeben von Lissabon am 1. November 1755 zu erinnern. Es hat nicht nur fast 100 000 Menschenleben ausgelöscht, sondern war auch eine metaphysische Erschütterung ersten Ranges. Die

Theodizee-Problematik stellte sich in neuer Schärfe: Wie konnte Gott das zulassen? Jedenfalls war der Leibniz'sche Optimismus erledigt. Metaphysisch folgenreich war auch der Untergang der Titanic 1912, der den Glauben an den technischen Fortschritt tief erschütterte. Das war nicht nur eine menschliche Katastrophe, bei der über 1500 Passagiere den Tod fanden, sondern auch eine tiefe narzisstische Kränkung des neuzeitlichen Ingenieursgeistes, der gerade in dem kolossalen Dampfturbinenschiff das Meisterwerk einer gegen alle Natureinflüsse immunen Technik sah.

Zwischen den realen und den imaginierten Katastrophen stehen die poetischen Bewältigungsversuche. Berühmt wurde Voltaires »Poème sur le désastre de Lisbonne«. Wir können aber auch Hans Magnus Enzensbergers Epos *Der Untergang der Titanic* hinzunehmen. In beiden Fällen haben wir es mit dem schwierigen und leicht antiquiert wirkenden Genre des philosophischen Lehrgedichts zu tun. Für Voltaire ging es in erster Linie darum, dass die Realität der Katastrophe die philosophische Weisheit des Leibniz-Optimismus zuschanden macht. Die Naturkatastrophe von 1755 erscheint so zugleich als metaphysisches Erdbeben. In ähnlicher Weise zeigt Enzensbergers Text einen metaphysischen Schiffbruch, der sehr elegant in ein komödiantisches Versepos verpackt ist. Er offenbart die Sicherheitslücken der wissenschaftlich-technischen Welt, das Chaos bricht herein. Doch die Grenzen der Poesie scheinen da erreicht, wo wir es nicht mehr mit einer Naturkatastrophe, sondern mit einer Gesellschaftskatastrophe zu tun haben. Dafür steht im Denken von Theodor W. Adorno das Vernichtungslager Auschwitz. Er hat den absoluten Schrecken auf die Formel gebracht, nach Auschwitz ein Gedicht zu schreiben sei barbarisch. Ganze Germanistengenerationen haben sich in ihren Celan-Interpretationen an diesem Satz gemessen.

Von den bisher genannten Katastrophen gibt es naturgemäß nur Erzählungen und Berichte. Erst das Fernsehzeitalter machte uns zu Zuschauern der Untergänge. So bot Hiroshima am 6. August 1945 für den Philosophen Hans Blumenberg »die apokalyptische Uraufführung des Atomkrieges«. Am 28. Januar 1986 explodierte die Raumfähre Challenger, offenbar, weil Dichtungsringe marode waren. Sieben Astronauten starben. Am 26. April desselben Jahres explodierte ein Reaktor des Kernkraftwerks Tschernobyl, wohl infolge der Simulation eines totalen Stromausfalls. Über die Zahl der Opfer gibt es extrem unterschiedliche Angaben.

Zu den realen Katastrophen der Moderne gehören die Katastrophentouristen, Schaulustige, die sich an den Orten des Schreckens an diesem ergötzen. Die Industrie, die davon lebt, bedient sich zur Legitimation ihres Geschäftsmodells der altgriechischen Formel *pathemata mathemata:* Lernen durch Leiden und Schmerz. Schlachtfeldtourismus ist alt und kann sicher weiter zurückverfolgt werden als bis zu dem von Karl Kraus in der *Fackel* vom November 1921 aufgespießten Werbeslogan »Schlachtfelder-Rundfahrten im Auto! Veranstaltet durch die Basler Nachrichten«. Diese Werbephrase, die Fahrten nach Verdun anpreist, schien ihm »alle Schande dieses Zeitalters überflügelnd und besiegelnd«: Versprochen wird ein »unerhört großartiges Gesamtbild von Grauen und Schrecken«. Dem sprachmächtigen Karl Kraus verschlägt es hier fast die Sprache angesichts dieser skrupellosen Pioniere eines Dark Tourism, »die aus dem Tod einen Spott und aus der Katastrophe ein Geschäft machen«. Für den Katastrophenhunger kommen seither Kriegsschauplätze genauso infrage wie die Orte von Naturkatastrophen, Auschwitz genauso wie die Killing Fields. Und wenn man bedenkt, welcher bizarre Reiz für den westlichen Wohlstandsbürger schon in einer Sightseeing-Tour durch Favelas und Slums liegt, wie aufregend mag es da bloß sein, sich Aug in Aug mit der ultimativen Apokalypse der Erde zu befinden?

Blackout

Wenn man sich heute ein Bild von der modernen Gesellschaft und ihrer Dynamik machen will, wird man von den Soziologen nicht gut bedient. In den letzten Jahrzehnten hat es nur einer gewagt, eine umfassende Theorie der Gesellschaft zu entwerfen: Niklas Luhmann. Die Theorie – oder sollte man sagen: Metaphysik – des Systemfunktionalismus sieht den Menschen in einem radikal neuen, hoch artifiziellen Verhältnis zur Welt. Er findet seine Sicherheit nicht trotz, sondern gerade durch die universale Ersetzbarkeit alles Konkreten. Der moderne Mensch darf Sicherheit also nicht in den Fakten suchen, sondern in den Funktionen. Lebensführungssicherheit gibt es nur noch durch Systemvertrauen. Heutzutage heißt Sicherheit also nicht Verlässlichkeit des Seins, sondern Verfügbarkeit anderer Möglichkeiten. In dieser Positivierung der Ersetzbarkeit geht Luhmann so weit, dass er sogar für das Absolute einen Ersatz findet – nämlich das System. »Das begründende Absolute«, heißt es am Ende seines Frühwerks über Grundrechte als Institution, »findet sich in der Funktionsfähigkeit der Systeme.«

Das bedeutet aber eben auch umgekehrt, dass die fortgeschrittenste Theorie der modernen Gesellschaft zur Möglichkeit einer Katastrophe nichts zu sagen hat. Und genau an dieser Stelle stehen die Prepper. Sie signalisieren den Zusammenbruch des Systemvertrauens. Auch wenn sie eine ähnliche Katastrophenerwartung an den Tag legen wie die Aktivisten der Umweltbewegung, besteht darin ein Unterschied ums Ganze. Diese erwarten nämlich alles vom Staat, Prepper dagegen gar nichts. Die Ökologen wollen durch das Vorsichtsprinzip alle Katastrophen ausschließen, die Prepper setzen auf Spannkraft und bereiten sich darauf vor, sich an die Katastrophe anzupassen.

In dem schon erwähnten *Spiegel*-Gespräch sowie in seinem Essay »What if We Stopped Pretending?« für die Zeitschrift *New Yorker* hat Jonathan Franzen einen Gedanken gegen den Strich des Zeitgeistes entwickelt, der sich mit der Subkultur der Prepper gut verträgt. Für Franzen ist der Kampf gegen den Klimawandel nämlich schon verloren, und es kann nur noch um Schadensbegrenzung gehen. »Warum geben wir das nicht zu und nehmen uns dann die Freiheit, darüber nachzudenken, wie wir unsere Ressourcen einsetzen wollen?« Genau diese Frage beantwortet jeder Prepper für sich selbst.

Der Historiker Arnold Toynbee vermutete, dass der Untergang der westlichen Zivilisation zu einem Erstarken des Christentums führen würde. Dass die Erfahrung einer säkularen Katastrophe genau diese Folge haben könnte, ist auch der Ausgangspunkt des Romans *Der zweite Schlaf* von Robert Harris. Er erzählt hier die Geschichte vom systemischen Zusammenbruch unserer Zivilisation. Die Handlung spielt 800 Jahre nach der Apokalypse. Unsere Gegenwart ist dann Antike. Immer wieder stößt man auf Smartphones als archäologische Reste der wissenschaftlich-technischen Zivilisation. Und das Logo von Apple, der angebissene Apfel – offenbar der verbotene des Paradieses – wird zum ultimativen Symbol moderner Hybris. Nach der Apokalypse hat die Welt in einem rigorosen Antiszientismus zurück zur christlichen Frömmigkeit gefunden. Es gibt aber noch ein paar Neugierige, die Spuren der Prepper und ihrer Arche Noah finden. Und dabei zeigt sich, dass es damals – also heute! – Katastrophenszenarien gab: die Klimakatastrophe, der Atomkrieg, ein gigantischer Vulkanausbruch, ein verheerender Asteroideneinschlag, eine Pandemie, oder der Blackout der Stromversorgung bzw. des Internet.

Von diesen Katastrophenszenarien ist ein Blackout der Stromversorgung vielleicht das realistischste. Metropolen wie New York oder Berlin sind Prototypen einer vollends elektrifizierten Erde, der kosmischen Projektion aller technisch-industriellen Fantasien. Diese Großstadtmonster setzen einen »protestantischen« Naturbegriff voraus, der für grünes Empfinden die Erde zum Schauplatz von Technik und Industrie erniedrigt. Man kann diesen großen Ekel vor der großen Stadt geradezu zum metaphysischen Prinzip erheben. Seit Nietzsches Zarathustra mit der Gebärde äußerster Verachtung an der Zivilisation vorüberging, inflationieren die Stadtfluchten, Waldgänge und Holzwege.

Ob Gotham New York oder Berlin Babylon – die moderne Metropolis erscheint den Hirten des Seins als Phantomwelt: gottverlassen und der Erde untreu. So heißt es schon bei Ludwig Klages über den Geist der Großstädte als Widersacher der Seele: Mit ihren Wolkenkratzern, Fabriken, Sprengstoffen und Giften, »weit umher abgenagten und ausgesogenen, dann zwecks Nutzung planimetrisierten Landschaften zerreißen sie das Lied der Erde mit einer heillosen Dissonanz, die das Melos überhaupt erschlägt (wie etwa jeden Naturlaut der Lärm der Autohupen)«.

Für den, der so empfindet, rückt die Zerstörung der Metropole ins Zentrum der Imagination. Und wenn schon nicht die Zerstörung, so doch wenigstens der große Blackout, wie etwa in New York am 13. und 14. Juli 1977. Gerade weil die Weltstadt in gleißendes Licht getaucht ist, gibt es für den empirischen Apokalyptiker keinen faszinierenderen Gedanken als den totalen Stromausfall. In Donald Barthelmes *City Life* heißt es dazu: »What a happy time that was, when all the electricity went away.«

Oswald Spengler prophezeite den Untergang der westlichen Kultur. Die Grünen prophezeien den Untergang der Natur durch die Praktiken der westlichen Kultur. Die Prepper prophezeien den Untergang der Zivilisation selbst. Alle asketischen Sekten prophezeien das Ende der Welt. Aber die Umweltbewussten wollen die Apokalypse verhindern, während die Prepper sie überleben wollen. Auf der Suche nach der primitiven Welt formulieren Grüne und Prepper ein neues asketisches Ideal. Während die Grünen auf Verzicht und das große Weniger setzen, reduzieren die Prepper die Existenz auf das, was in einen gut gepackten Rucksack passt.

In der Dynamik der Askese hat Arnold Gehlen drei Stadien unterschieden: Askese als Stimulans, als Disziplin und als Opfer. Während der Opfercharakter bei den Grünen sehr deutlich wird, steht für die Prepper-Existenz die Stimulation durch eine selbstauferlegte Disziplin im Vordergrund. Indem sie sich durch Reduktion entlasten, erreichen sie intensivste Gefühle des Lebendigseins und der Selbstmacht.

Der Name Prepper geht auf das Pfadfindermotto »be prepared« zurück: Bereit sein ist alles. Sie sind zwar von Natur aus Einzelgänger, aber sie organisieren ihr asketisches Ideal ganz zeitgemäß und hochmodern in Internetforen wie dem *survivalblog.com*. Die Metonymie der Prepper-Existenz ist der Fluchtrucksack, der alles enthält, was zum Überleben nötig ist. Es geht um Autarkie und Energieautonomie. Natürlich denkt man da sofort an Henry David Thoreau. Er war Privatsekretär des Philosophen Ralph Waldo Emerson und hatte dessen Erlaubnis, auf seinem Grundstück eine einfache, kleine Holzhütte zu bauen, die zum Schauplatz eines zweijährigen Experiments wurde. Darüber berichtet Thoreau 1854 in seinem berühmt gewordenen Buch *Walden*. Das Experimentum crucis lautet: Unabhängigkeit und Freiheit durch Primitivität und Simplizität.

Eine radikalere Kritik von Fortschritt und Konsum ist kaum denkbar, und sie überbietet natürlich auch die Naturschwärmerei der deutschen Romantik. Thoreau setzt damit die Theorie seines Gönners Emerson in Lebenspraxis um, vor allem dessen These, dass das antike »Erkenne dich selbst!« heute so verstanden werden müsse: Erforsche die Natur! Das Ganze ist so unpolitisch wie möglich zu denken. Denn Emerson und Thoreau trauen es gerade dem Einzelnen zu, der zivilisatorischen Entfremdung zu widerstehen und sich jederzeit in die Muße-Bedingung des einfachen Lebens zu versetzen. Doch zur Zivilisationsflucht gerät das Thoreau'sche Experiment erst bei

Figuren des späten 20. Jahrhunderts, wie etwa Christopher McCandless, der, aus einer reichen Familie stammend, auf alle materiellen Mittel verzichtet und buchstäblich in der Wildnis verschwindet. Sean Penn hat ihm mit *Into the wild* einen sympathetischen Film gewidmet.

Thoreau hatte noch die Erfrischung der Seele durch den Waldgang im Sinn. Christopher McCandless schreitet fort zur Flucht aus einer als seelische Katastrophe erlebten Zivilisation. Bei den Preppern geht es dann ganz unmelancholisch um die Reduktion von moderner Lebenskomplexität auf die Erwartung des Weltendes. Das kann man natürlich verspotten. Doch wo verläuft die Grenze zwischen der von der Regierung empfohlenen Krisenvorsorge und dem martialischen Überlebenstraining? Auch die Regierung fürchtet nämlich einen großen Blackout, etwa durch einen Cyber- oder Terrorangriff. Der plötzliche Ausfall von Strom-, Wasser- und Lebensmittelversorgung würde zu Chaos und Plünderungen führen. Deshalb hat das Bundesamt für Bevölkerungsschutz und Katastrophenhilfe eine »Konzeption Zivile Verteidigung« vorgelegt und Initiativen immerhin zur Verbesserung der Notstromversorgung gestartet. Angesichts dessen kann man die Prepper schlecht als Spinner abtun.

Blackout heißt für die Prepper: Überleben nach dem Weltuntergang. Für den Prepper ist dabei jede Katastrophe gleichermaßen denkbar: Nuklearkatastrophe, Naturkatastrophe (heute natürlich vor allem die Klimakatastrophe), Pandemie, Meteoriteneinschlag, technischer Blackout (Stromausfall), großer Finanz-Crash, Bürgerkrieg durch Massenmigration. Insofern sind die Prepper realistischer als die Ökologen, weil sie nicht nur eine tödliche Gefahr sehen. Am Ende steht in jedem Fall Hobbes' Krieg aller gegen alle.

Den antiken Philosophen ging es in ihren politischen Reflexionen noch um das gute Leben und die gute Gesellschaft. Und Platon hat immer wieder betont, dass das gute Leben nicht auf Selbsterhaltung reduziert werden kann. Doch die Schrecken der Geschichte haben die Philosophen der Neuzeit umdenken lassen. Das gute Leben der antiken Philosophie ist spätestens nach dem konfessionellen Bürgerkrieg kein Thema mehr. Hobbes konzipiert einen Staat aus Not, der seinen Bürgern schlicht das nackte Leben garantiert. So tritt an die Stelle der politischen Transzendenz eines höchsten Guts die bloße Immanenz der Selbsterhaltung.

Auch wenn sie ihn so nicht kennen sollten: Thomas Hobbes ist der Philosoph der Prepper. Seine anthropologische Grundannahme ist einfach: Der Mensch ist exponiert und ungeschützt. Und der Mensch ist dem Menschen ein Wolf. Deshalb strebt er nicht mehr nach dem *summum bonum*, dem höchsten Gut, sondern fürchtet sich vor dem *summum malum*, dem größtmöglichen Übel. Man muss also dem Schlimmsten zuvorkommen. Das nennt man Prävention, und sie ist im Grunde nichts anderes als rationalisierte Aggression – gegen die Drohung der Unvorhersehbarkeit. Und auch das, was Nietzsche dann den »Willen zur Macht« nannte, besagt im Kern: Selbstbehauptung durch Prävention. Das würde aber zum permanenten Krieg aller gegen alle führen. Und deshalb treten die Einzelnen ihre Gewalt an den Staat ab, der sie zu schützen verspricht.

Am Anfang des Staates und des modernen Lebens steht also das klare Bedingungsverhältnis »protection and obedience«. Der Staat verspricht Schutz und der Bürger Gehorsam. Wenn der Staat den Schutz des Bürgers aber nicht mehr gewährleisten kann, fordern die Bürger völlig legitimerweise ihr Naturrecht auf Selbstverteidigung zurück – womit die Gesellschaft in den wölfischen Naturzustand zurückfällt. Bei Hobbes ist der Naturzustand das Chaos der Gewalt, »the first Chaos of violence and civil war«. Daraus ergibt sich schlüssig, dass politische Souveränität als das Negativ der Katastrophe konzipiert werden muss. Der Ausnahmezustand ist der Ausbruch von Chaos, und es ist eben die Hauptaufgabe des Staates, dies auszuschließen. Leistet er das nicht mehr, dann hat der Staat jeden Anspruch auf Gehorsam verspielt.

Genau das reklamieren die Prepper als ihre Legitimation. Sie unterstellen, dass der Staat nicht in der Lage sein wird, sie im Fall einer Katastrophe zu schützen. Und deshalb gilt es, bereit zu sein, so wachsam zu sein, wie es die Calvinisten von den Auserwählten gesagt haben. Die Katastrophenblinden dagegen sind für die Prepper dann die Verdammten, gegen die man sich schützen muss; in Hollywood-Filmen werden sie gerne in der Gestalt von Zombies gezeigt. In einem Film aus dem Jahr 2007, *I Am Legend*, spielt Will Smith einen der letzten Menschen auf der Erde, der einsam durch ein von Pflanzen überwuchertes, von wilden Tieren durchzogenes Manhattan streift und Vorräte sammelt. Eine Pandemie hat fast die gesamte Menschheit ausgelöscht, nur wenige sind gegen das Virus immun und verschanzen sich in abgelegenen Lagern. Sie sind gleichsam die Prepper, die sich gegen die Infizierten, aber Untoten, eben die Zombies, verteidigen.

Freud hat immer wieder die These vertreten, Träume seien Wunscherfüllungen. Und das gilt auch für die kollektiven Träume des Kinos. Der Wunsch nach einer Katastrophe, die uns in primitivste Lebensverhältnisse zurückkatapultiert, zielt eigentlich darauf, ohne Schuld zu leben. Konkret bedeutet das: Entlastung von jeder gesellschaftlichen Verantwortung. Wenn der Prepper sich freiwillig zurück in den Naturzustand begibt, dann glaubt er, außerhalb von Geschichte, Politik und Wirtschaft zu stehen. Seine Überlegenheit gegenüber den Katastrophenblinden erreicht er durch Verzicht. Es handelt sich dabei um ein radikales Experiment mit der Autarkie; eine Selbsterlösung, die jeden institutionellen Außenhalt aufgibt, also der Gesellschaft den Rücken kehrt. Und an dieser Stelle sind zwei Bewegungsrichtungen möglich: zurück zu den Jägern und Sammlern oder vorwärts zu den Astronauten. Auch diese Form der Weltflucht hat Hollywood bereits in einer Vielzahl von Filmen ins Bild gesetzt: Das Raumschiff startet, um die zerstörte Erde zu verlassen und auf fernen Planeten eine neue Zivilisation zu errichten. Doch ob astronautisch oder paläolithisch: Die Rückkehr über den Ausnahmezustand in den Naturzustand ist das Sehnsuchtsziel.

Seit Orwells *1984* und Huxleys *Brave New World* haben die negativen Utopien Konjunktur. Man könnte das psychologisch als Angstlust am Schwarzmalen deuten. Man könnte auch an die Lust am Schrecklichen denken – wie schon bei den Zuschauern der antiken Tragödie. Aber es gibt doch ein Motiv, das die Weltuntergangsfantasien von heute von den Dystopien der Vergangenheit unterscheidet. In der aktuellen Dystopie versteckt sich nämlich eine negativistische Utopie, und Nietzsche hätte keine Probleme gehabt, sie als Ressentimentphänomen zu entlarven. Wenn nämlich der Untergang der Welt droht, ist die Katastrophe so groß, dass sie alle weltpolitischen Feindseligkeiten zum Schweigen bringt – die ganze Welt zieht an einem Strang. Max Scheler meinte noch, der Erste Weltkrieg sei das erste »Gesamterlebnis« der Menschheit gewesen – heute sehen wir, dass sich die Apokalyptiker genau das vom GAU, dem größten anzunehmenden Unfall, erhoffen.

Die große Katastrophe entlastet von der Normalität, den Erwartungen und Verpflichtungen. Wenn die Schule brennt, muss ich die Klassenarbeit nicht schreiben. Es gibt keine Probleme mehr, wenn der Komet kommt. So funktioniert die Apokalypse als negative Utopie: Wir sind alle betroffen. Und so erreichen wir endlich Gleichheit und Gerechtigkeit, nämlich im Schrecken. Hans Magnus Enzensberger hat einmal sehr schön formuliert: »Der Grenznutzen von Geld und Macht sinkt; vor den Risiken der Zukunft bietet keines von beiden Schutz.« So genießt das Ressentiment die Gleichheit in der Katastrophe. Nach dem Untergang sitzt die Stripteasetänzerin neben der Präsidentengattin in den Ruinen der Weltzivilisation – wie im Film *Independence Day*.

Der Ruf nach Ethik

Ethik ist meistens nur das, was Banausen glauben von Philosophen erwarten zu dürfen. In Wahrheit bietet die ernstzunehmende Philosophie schon seit Jahrhunderten keine Lehre vom richtigen Leben mehr. Selbstkritische Philosophen haben als Erste erkannt, dass das Werturteil die argumentative Form einer Illusion ist. Im Klartext heißt das: Im Rahmen einer ethischen Diskussion ist es möglich, auch Vorurteile und Ideale so anzubringen, als ob sie gute, logische Gründe seien.

Der Soziologe Robert Michels hatte schon 1910 bemerkt: »Im Zeitalter der Demokratie ist die Ethik eine Waffe, derer sich jedermann bedienen kann.« Der wichtigste rhetorische Effekt des Moralisierens besteht darin, dass man mit Werten – prominentestes Beispiel: Menschenwürde – unlösbare Probleme unsichtbar machen kann. Wer nach Moral ruft, ist nicht bereit umzulernen und will sich das Denken ersparen. Statt nachzudenken, verteilt man Achtung und Missachtung. Und diese Ignoranz verschafft sich dadurch ein gutes Gewissen, dass sie jeden, der anders beobachtet, als affirmativ oder zynisch bezeichnet.

Das erklärt wohl hinreichend, warum der Appell an die Ethik so beliebt ist. Offenbar wirkt schon der Ruf als solcher entlastend. Ethik und Moral gehören zu den Wörtern, deren bloßes Aussprechen schon ein zivilisatorisches Hochgefühl mit sich bringt, inklusive einer den Narzissmus befriedigenden Selbsterhebung über andere.

Wer die totale Herrschaft der Ethik fordert, traut den Mächtigen nicht mehr zu, die Welt zu ordnen, und traut sich selbst nicht mehr zu, die Welt zu verstehen. Denn Ethik heißt eben primär: nicht Politik und nicht Erkenntnis. Das politische Kalkül großer Wirkungskomplexe, Risiken und Folgelasten fordert die Ferneinstellung einer Optik jenseits von Gut und Böse. Das hatte schon Machiavelli motiviert, die Moral in der Politik auf Distanz zu halten. Eine ernstgemeinte Ethik der Politik müsste sich davon ausgehend an deren Medium orientieren, also an gewaltgestützter Macht. So verstrickt sich Politik unvermeidlich ins Gewebe ethisch bedenklicher Mittel. Deshalb muss gerade, wer an einer Ethik der Politik festhalten will, erkennen, dass rein moralische Urteile politisch steril sind. Die Emanzipation der Politik von der Moral ist also die Bedingung für eine Ethik der Politik. Das wird großartig belegt vom ursprünglichen Begriff des »politico«, den Machiavelli noch ausdrücklich als Gegenbegriff zu »corrotto«, also korrupt, gebraucht.

Bei Lichte betrachtet, ist das auch das Schlüsselmotiv für Max Webers berühmte Unterscheidung zwischen Gesinnungsethik und Verantwortungsethik. Der Gesinnungsethiker springt auf gewisse Zauberwörter wie Natur, Umwelt, Identität, Solidarität, Selbstverwirklichung u. ä. an. Es geht hier natürlich nicht um Wirklichkeiten, sondern um Idole, die man anbeten und verehren kann. Bis vor wenigen Jahren war das stärkste Idol der Idealisten die »Gesellschaft«. Mit dem Zusammenbruch des sozialistischen Staatsgötzendienstes hat sich das Devotionsbedürfnis von der Gesellschaft auf die Natur verschoben. Wie wir schon gezeigt haben, ist Natur der Götze unserer Zeit, und Ökologie ersetzt zunehmend die Theologie. Der Trendforscher Matthias Horx bemerkt zurecht: »Sammeln und Sortieren des Hausmülls ist die moderne Form des Rosenkranzbetens.«

Und deshalb lohnt es sich, auf Max Webers Unterscheidung von Gesinnungsethik und Verantwortungsethik zurückzukommen. Gesinnungsethik ist absolut. Sie spricht im Namen des Menschen, der Natur, des Lebens oder der Erde. Und diese Werte wiegen für die gute Gesinnung so schwer, dass die Frage nach den Folgelasten gar nicht ins Gewicht fällt. Für den heutigen Gesinnungsethiker lauert in jedem Risiko der postmodernen Gesellschaft die Apokalypse, und er weigert sich – man ist versucht zu sagen: deshalb –

zugleich, die Folgen seiner guten Gesinnungstaten zu kalkulieren. »Sofortiger Ausstieg aus der Kernenergie!«, hieß es schon früher. Fragen der Energieversorgung und des Wirtschaftsstandorts spielen angesichts des GAU natürlich keine Rolle. »Keine deutsche Beteiligung an NATO-Einsätzen!« Fragen nach Verantwortung und weltpolitischem Gewicht einer europäischen Führungsmacht spielen angesichts der deutschen Nazi-Vergangenheit natürlich keine Rolle. »Keine Einschränkung des Asyl-Rechts!« Fragen der Sozialverträglichkeit und finanziellen Belastbarkeit spielen angesichts eines Grundgesetzartikels natürlich keine Rolle.

Der Verantwortungsethiker dagegen kalkuliert die Folgen seines Tuns. Und er nimmt in Kauf, dass man mitunter listenreich, machtbewusst, ja böse operieren, kurz, dass man sich die Hände schmutzig machen muss. Diese Unterscheidung von Gesinnungs- und Verantwortungsethik ist nach wie vor hochaktuell, nur haben sich die Frontlinien verkompliziert. Die Gesinnungsethiker rufen heute »Verantwortung«. Mit einer markanten Nuance: Sie rufen insbesondere nach der Verantwortung der anderen. Die gesinnungsethische »Verantwortung« ist so total, dass ihr kein mögliches politisches Handeln mehr entspricht. Der Philosoph Robert Spaemann bemerkt hierzu in seiner *Kritik der politischen Utopie*: »Verantwortliches Handeln setzt stets eine wohldefinierte, also endliche Verantwortung, mithin ein gewisses Maß an Unverantwortlichkeit voraus.«

In der Öffentlichkeit kommt aber nichts besser an als ebendieser Ruf der guten Gesinnung nach »Verantwortung«. Die Leidensschauspieler und Notstandsstellvertreter der Massenmedien propagieren eine Tugendhaftigkeit aus Entrüstung: Man braucht Schuldige, um die Komplexität der Welt zu reduzieren. Das dadurch kultivierte Schuldbewusstsein der westlichen Zivilisation bietet eine kaum versiegende Quelle zur Ausbeutung durch interessierte politische Akteure und Parteien. Schon Nietzsche hat diesen Mechanismus genau durchschaut: »Der Entrüstungs-Pessimismus erfindet Verantwortlichkeiten«. Man kann es auch so sagen: Moral flottiert frei. Ihrer nehmen sich nun die Massenmedien an; sie versorgen die Gesellschaft also nicht in erster Linie mit Information, sondern mit einem Moralschema. Dort etabliert sich die Herrschaft der Mahner, Betreuer und Betroffenheitsagenten, der Warner und Minderheiten- sowie Randgruppenanwälte, Notstandsstellvertreter und Bedenkenträger, der Dauerempörten und chronisch Gekränkten – eben mit Nietzsches genauem Wort: der Entrüstungspessimisten. Hysterie ist heute offenbar der letzte Aggregatzustand des »kritischen Bewusstseins«.

Doch handelt es sich bei der schon habituell gewordenen Betroffenheit und Bedenkenträgerei zumeist um moralisch verhüllte Formen des Voyeurismus. Dieser »kritischen Hysterie«, von der Matthias Horx zu Recht gesprochen hat, entspricht kein reales Handeln mehr. Mit anderen Worten: Sobald die ganze Welt zum Gegenstand des Verantwortungsgefühls wird – und das könnte man eben nur einem moralischen Übermenschen zumuten –, gibt es keine denkbare Politik mehr. Hier springen dann Talkshows ein. Je unmöglicher aber ein wirklich eingreifendes Handeln ist, desto lauter erklingt die Pathosformel: die stereotype Welthaltung von »Wut, Trauer und Betroffenheit«.

Doch wie konnte es dazu kommen? Diese Frage lässt sich nur durch eine prinzipielle kulturtheoretische Überlegung beantworten. Kultur, das hat der Anthropologe Arnold Gehlen eindrucksvoll gezeigt, entlastet vom Negativen. Für das Negative der Krankheit gibt es Medizin; das Negative des Kampfes wird durch Verträge entkräftet; das Negative der fremden Welt wird durch Wissenschaft entmachtet. Damit wird die Negation arbeitslos. Das Kritikbedürfnis findet in der Wirklichkeit keine passenden Ansatzstellen mehr. Und hier springen eben die Medien ein. Man sucht den gesellschaftlichen Horizont nach Schlechtigkeiten ab. Der Philosoph Odo Marquard hat in diesem Zusammenhang einmal sehr schön von »Übelstandsnostalgie« gesprochen.

Kritik läuft ganz offensichtlich in der hochkomplexen Gesellschaft unserer Tage leer; das Negationsbedürfnis findet keinen Hebelpunkt mehr, das Nein kann nicht mehr recht einhaken. Deshalb kultivieren die Massenmedien Stellvertreter-Negationen: Die Politiker sind korrupt, ihre Wähler sind politikverdrossen, das System ist sozial ungerecht, die Gesellschaft ist frauen- und ausländerfeindlich, die Umwelt wird zerstört usf.

Bei Lichte betrachtet, entspricht diesen Neins aber gar keine praktische Politik. D. h. die Negationen gelten eigentlich gar nicht dem Negierten. Es gibt offenbar einen konstanten »Nein«-Bedarf, der von den Medien abstrakt befriedigt wird. Dem entsprechen die folgenlosen Fern-Solidaritäten mit den Erniedrigten und Beleidigten der Welt. Und so lässt sich mit geringem politischem Aufwand eine attraktive Identität des Protests ausstaffieren.

Wer die westliche Welt, vor allem die Kernländer Europas, nüchtern betrachtet, wird feststellen: Es gibt immer weniger Übel auf der Welt. Und wie bei allen knappen Ressourcen steigt damit ihr Wert, man könnte sagen: ihr Entrüstungswert. Daraus entwickelt sich ein »Prinzessin-auf-der-Erbse-Syndrom« (Odo Marquard): Gerade wo es weniger Benachteiligung von Frauen denn je gibt, wächst die militant feministische Wut auf die kleinen Unterschiede. Je mehr sich die Gehälter (Ost) an die Gehälter (West) angleichen, desto unerträglicher erscheint die Restdifferenz. Und just in einem System, das anstrebt, alle Gefahren als Risiken kalkulierbar und versicherungsfähig zu machen, droht das »Restrisiko« als Apokalypse Now.

Dass Menschen unzufriedener werden, obwohl sich ihre objektiven Lebensumstände verbessert haben, liegt daran, dass ihre Vergleichsstandards noch schneller wachsen als ihr Lebensniveau. Für fast alle wird fast alles besser. Aber das zählt nicht. Der Vergleich macht unglücklich. Jeder lebt unter dem Zwang, sich mit anderen zu vergleichen. Und Demokratie heißt in diesem Zusammenhang eben: Jeder darf sich mit jedem vergleichen, auch wenn er sich nicht mit jedem vergleichen kann. Dieses paradoxe Unbehagen am wachsenden Wohlstand haben Sozialpsychologen durch den deprimierenden Effekt von Zahlenverhältnissen erklärt. Das jeweils erreichte Bessere macht das Bisherige schlechter: Mehr ist weniger! Jedes Wachstum ist deshalb immer auch eines der Depression. Verständlich wird das vor dem Hintergrund der trivialen Lebenstragik, dass die Enttäuschung über die Versagung des Gewünschten noch überboten wird durch die Enttäuschung nach seiner Erfüllung. Die primäre Erfahrung ist die Enttäuschung. Wenn unbewusste Wünsche aber unerfüllbar sind – und das ist die tiefe Einsicht Freuds –, dann wächst die Enttäuschung mit dem Wohlstand.

Die moderne Welt ist komplex und intransparent, also unverständlich. Was man nicht versteht und durchschaut, macht aber Angst. Und um diese Angst zu beschwichtigen, hat sich in der Moderne eine Rhetorik der Werte etabliert, die den Menschen Fiktionen von Stabilität anbietet. Am 7. August 1996 lautete die Hauptschlagzeile der *USA Today*: »Angst about values«. Das ist nicht nur deshalb interessant, weil hier ein Boulevardblatt auf ein deutsches Fremdwort zurückgriff. Nur auf diese Weise schien die öffentliche Meinung in Amerika prägnant charakterisiert werden zu können. Das ist deshalb so eine ausgezeichnete Formel, weil sie deutlich macht, dass die neuen Werte von der Angst aus konstruiert werden. Niklas Luhmann hat deshalb von einem »Ersatzapriori« gesprochen. Werte bedienen eine alles durchdringende Sehnsucht nach Klarheit, Ehrlichkeit und Einfachheit. Wir haben es hier mit einem Verhältnis von *challenge* und *response* zu tun. Die Aufklärung provozierte die Wiederkehr der Religion. Die funktionalistische Ersetzbarkeit in einer ausdifferenzierten, modernen Gesellschaft provozierte die Innerlichkeit. Die massendemokratische Gleichheit provozierte den eigenrichtigen Individualismus. Die Technisierung provozierte den Gaia-Kult um Mutter Natur. Und heute fördert gerade die Globalisierung Regionalisierungstendenzen. Just die *One World* nährt die letzte Ideologie: Diversity.

Nicht überraschend also, dass die Angst um die Werte allerorten Ethikkommissionen aus dem Boden sprießen lässt. Doch gibt es dafür noch einen weiteren Grund. Wenn man sich fragt, warum heute Firmen zur Rettung der Erde oder doch zumindest des brasilianischen Regenwalds aufrufen, stößt man auf einen neuen Kult. *Cura*, Care, Sorge – um diesen Begriff etabliert sich ein neuer Markt, eine neue Dienstleistungswelt. Sie wird in Zukunft immer wichtiger werden, denn sie verspricht den Menschen, sie aus einer spezifisch modernen Falle zu befreien. Denn einerseits sehnen sich die Menschen nach der Sorge, andererseits entwerten sie fortwährend all die Sphären, die traditionell solche Sorge ganz selbstverständlich geboten haben; man denke nur an die Familie oder die Dorfgemeinschaft. In dieser Sehnsucht nach Sorge geht es aber weniger um körperliche Hinfälligkeit als um seelische Notdurft. Es geht um das, was angelsächsische Zoologen »*grooming*«, also soziale Fellpflege nennen – persönliche Zuwendung von Aufmerksamkeit und Liebe.

In der Welt von Wohlstand und Fürsorge wächst der Wunsch, sich um jemanden oder etwas zu sorgen. Traditionell sorgte man sich um die Kinder und die Alten. Heute sorgt sich das schlechte soziale Gewissen um die Armen und Flüchtlinge der Welt, das grüngefärbte Gewissen sorgt sich um die Natur. Dieser Wunsch, sich zu sorgen, gründet in dem Wunsch, gebraucht zu werden. Hier passen zwei fundamentale Bedürfnisse wie konkav und konvex zusammen: Mir fehlt, dass ich jemandem fehle. Und was mir fehlt, ist persönliche Aufmerksamkeit.

Das Vokabular der politischen Korrektheit bietet hier einen hervorragenden Fundus für Public-Relations-Maßnahmen. Nichts ist werbewirksamer und imagefördernder als die Sorge um die Umwelt, Mitleid mit der Dritten Welt, Bekenntnisse gegen Ausländerhass oder Plakate gegen Tierversuche. Und neuerdings kalkulieren auch Ökonomen mit einem »*demand for giving*«, also einer wachsenden Nachfrage nach Möglichkeiten, etwas zu verschenken – so jedenfalls der Nobelpreisträger Gary S. Becker.

Die Notsüchtigen

Wir leben im Goldenen Zeitalter und merken es nicht. Seit dem Zweiten Weltkrieg hat sich der Lebensstandard im Westen verdreifacht. Wir sind gesünder denn je, leben länger denn je, genießen eine unerhört lange Zeit des Friedens, sind weltweit mobil und haben märchenhafte Bildungschancen. Aber offenbar ist es sehr schwer, sich daran zu erfreuen. Seit Jahrzehnten dominiert in den Medien der Klageton, das Jammern über soziale Ungerechtigkeit, über den Werteverfall – und neuerdings wieder einmal die Prophezeiung des Endes des Kapitalismus.

Wenn es Menschen oder gar Gesellschaften an Hoffnung fehlt, wie das offenbar heute in der westlichen Welt der Fall ist, dann müssen Feinde der Hoffnung am Werk sein. Und diese kann man genau benennen: die mediale Angstindustrie, der Katastrophenkonsum und der Entrüstungspessimismus. Die auf schlechte Nachrichten spezialisierten Massenmedien, die Politiker des Ressentiments und die »Notsüchtigen«, von denen Nietzsche so hellsichtig gesprochen hat, wirken hier zusammen.

Pessimismus ist die Krankheit eines Zeitalters, das nicht mehr an den Fortschritt zu glauben wagt. Und immer mehr Leute scheinen eine Art Krankheitsgewinn aus dem Schwarzsehen ziehen zu wollen. Hoffnungslosigkeit verkauft sich gut. Deshalb hat sich eine riesige Angstindustrie entwickelt. Jahrzehntelang hatten wir Angst vor den Atomkraftwerken. Seit über zwanzig Jahren haben wir Angst vor der Klimakatastrophe. Heute ist die Angst vor der Energiekatastrophe erwacht. Was wir im Fernsehen und im Kino zu sehen bekommen, ist die Welt als Skandal und Katastrophe. Vor allem die Fernsehnachrichten inszenieren das schon erwähnte Drama der erlernten Hilflosigkeit. Die Polkappen schmelzen – oder der Reaktorkern. Und die ganze Welt ist betroffen. Radioaktivität, Umweltverschmutzung und Klimawandel kennen keine Grenzen. Diese Angstreligion ist der neue Glaube für die gebildete Mittelklasse, in dem man Technikfeindlichkeit, Antikapitalismus und Aktionismus unterbringen kann. Nach den revolutionären Sturmliedern der Babyboomer erklingt nun weltweit die Pastorale der Grünen, dieser postmodernen Hirten des Seins, die den Umweltschutz predigen.

Die Warner und Mahner in den Medien sind zwar unverzichtbare Elemente der Talkshows, aber zur Erkenntnis tragen sie nichts bei – ja, sie stehen der Erkenntnis im Weg. Das Spiel, das hier von den Medien gespielt wird, nennen die Amerikaner »The Blame Game«. Es reduziert alle Probleme der Welt auf Täter und Opfer. Der dramatische Einzelfall schlägt jedes Argument nieder. Wohlgemerkt, die Warner und Mahner betrügen nicht. Sie betreiben ihr Geschäft sogar nach bestem Wissen und Gewissen. Aber gerade damit bestätigen sie Mark Twains Wort von den Gutmenschen: Sie sind gute Menschen von der schlimmsten Sorte.

Doch warum wollen wir das immer wieder lesen? Warum schauen wir uns diese Sendungen immer wieder an? Warum ist der Negativismus der Medien so erfolgreich? Im Internet und vor dem Fernseher erlebe ich, wie andere der Gefahr ausgesetzt sind. Wenn wir die Bilder und Statistiken des alltäglichen Elends zugleich verängstigt und fasziniert konsumieren, kann es dabei nicht nur um die Aufnahme von Information gehen. Gerade die attraktive Distanz zu dem Leid dort draußen fordert komplementär die »Betroffenheit« als Haltung. Die eigentliche Botschaft der Massenmedien lautet: Die Ereignisse wechseln, der Senderahmen bleibt konstant. Auch der nächste Samstag ist wieder *Spiegel-Tag*. Auch morgen kommt um 20 Uhr die »Tagesschau«. So kann man beruhigt das Unerwartete erwarten. Tag für Tag wird der Welthorizont für uns nach Schlechtigkeiten abgetastet und damit Angstbereitschaft eingeübt. Massenmedien bieten so einen stabilen Rahmen für allgemeine Verunsicherung.

Bei aller Kritik an der Hysterisierung der Weltgeschichte muss man allerdings im Auge behalten, dass die Massenmedien mit diesem Training in Schockrezeption eine wichtige gesellschaftliche Funktion erfüllen. Auch in der modernen Welt nämlich sind Angstbereitschaft und Unbehagen die entscheidenden Überlebensstrategien. Wir sind evolutionär dazu disponiert, immer das Schlimmste zu erwarten. Und die Massenmedien lehren uns das Fürchten. Heute muss man dafür nicht mehr »ausziehen«. Es genügt, den Fernseher einzuschalten. Mit »Aufklärung« hat das natürlich nichts zu tun.

Massenmedien operieren mit der Lust an der Unlust. Das ist aber, bei Kant kann man es nachlesen, charakteristisch für die Erfahrung des Erhabenen. Und Horror ist die Massenkommunikation des Erhabenen. Das bedarf der näheren Erläuterung. Man kann davon ausgehen, dass Massenmedien Wünsche erfüllen oder dies doch wenigstens versprechen. Aber welcher Wunsch wird hier eigentlich erfüllt? Unsere These lautet: Massenmedien befriedigen ersatzweise die in unserer Zivilisation freigesetzte, vagabundierende Aggressionslust. Wir sollen ja Kosmopoliten in der *One World* sein, deren Kernländer schon im ›Ewigen Frieden‹ zu leben scheinen. Wer sich nun täglich durch Nachrichtensendungen über die Übel der Welt informiert – und nur das Üble, Böse hat eben *news value* –, ist fasziniert vom Erhabenheitseffekt des Fernsehens: Man kann durch einen Schirm geschützt Katastrophen betrachten. Die Medien präsentieren den Alltag des Schreckens als Fernsehserie. Hans Magnus Enzensberger bemerkt hierzu luzide: »Wen der Terror der Bilder nicht zum Terroristen macht, den macht er zum Voyeur.«

Technische Medien schützen uns bekanntermaßen vor der Direktheit der Sinneswahrnehmung. Und ebenso bieten uns die Massenmedien in ihren Nachrichtensendungen eine geschützte Weltwahrnehmung. Seriöse Fernsehsendungen liefern uns die Weltübel frei Haus natürlich unter dem Vorwand der Abscheu davor. Damit wird aber nicht ein Informationsbedürfnis befriedigt, sondern ein Katastrophenwunsch erfüllt. Wir Fernsehzuschauer sind die »Notsüchtigen«.

In einem Aphorismus der *Fröhlichen Wissenschaft* notierte Nietzsche ungemein hellsichtig: »Denke ich an die Begierde, etwas zu tun, wie sie die Millionen junger Europäer fortwährend kitzelt und stachelt, welche alle die Langeweile und sich selber nicht ertragen können, so begreife ich, dass in ihnen eine Begierde etwas zu leiden sein muss, um aus ihrem Leiden einen probablen Grund zum Tun, zur Tat herzunehmen. Not ist nötig! Daher das Geschrei der Politiker, daher die vielen falschen, erdichteten, übertriebenen ›Notstände‹ aller möglichen Klassen und die blinde Bereitwilligkeit, an sie zu glauben. Diese junge Welt verlangt, von außen her solle – nicht etwa das Glück – sondern das Unglück kommen oder sichtbar werden; und ihre Phantasie ist schon voraus geschäftig, ein Ungeheuer daraus zu formen, damit sie nachher mit einem Ungeheuer kämpfen könne.« Über diese »Notsüchtigen« heißt es dann weiter: »Sie verstehen mit sich nichts anzufangen – und so malen sie das Unglück anderer an die Wand«. Für uns Heutige ist der Bildschirm die Wand, an die wir das Unglück der anderen malen.

Die Frage, warum wir uns am Elend ergötzen, ist alt. Schon die Antike hatte eine schlüssige Antwort auf unsere Frage, warum das Schreckliche fasziniert. Damals war das Böse natürlich noch nicht das christlich Sündhafte, Teuflische, sondern ganz allgemein das Übel, das Unglück. Lukrez erzählt in *De rerum natura* von Menschen, die am Meeresufer stehen und dem Elend von Schiffbrüchigen zusehen. Von diesen Zuschauern des Elends heißt es dann, es sei süß, »des anderen mächtige Not vom Lande zu schauen«, weil man eben im Augenblick des Zuschauens vor diesen Leiden und Gefahren sicher ist. Man könnte heute auch an die Gaffer auf den Autobahnen denken, die langsamer fahren, um den Verkehrsunfall zu betrachten. Es ist nun aber entscheidend zu erkennen, dass die Faszination des Unglücks der anderen, die Schaulust bei Katastrophen, nichts mit Schadenfreude zu tun hat. Es geht vielmehr um den Genuss der Distanz, also das eigene Unbetroffensein.

Die Götter der alten Welt sind offenbar als Zuschauer des sinnlosen Leidens erfunden worden. Sie haben Spaß an der Grausamkeit des Zufalls, der den Menschen mitspielt. An die Stelle der antiken, unbetroffenen Götter sind heute die Zeitungsleser, Internetklicker und Fernsehzuschauer getreten. »Leiden-sehn tut wohl«, sagt Nietzsche in aller Härte. Im Zentrum steht die Lustprämie des Distanzgewinns, der in der Betroffenheit durch die Betroffenheit anderer liegt.

Und gerade die unbetroffenen Zuschauer sind dann das willige Publikum von Betroffenheitsdarstellern, die sich in Kommentaren und Talkshows zu Anwälten des Weltleids stilisieren. So entsteht die Illusion der Weltverantwortung. Doch stabile Ferninteressen gibt es eben nur in einer Medienwirklichkeit. Und ein Weiteres kommt hinzu: Die inszenierte Betroffenheit lässt sich trefflich gegen die eigene Gesellschaft wenden. Schon vor Jahrzehnten hat der Soziologe Helmut Schelsky diese Propagandatechnik des »geborgten Elends« analysiert: Der Fernsehimport des fernen Elends – heute beispielsweise Syrien – wird als Dekadenzsymbol der eigenen Gesellschaft inszeniert. Massenmedien arbeiten mit diesem geborgten Unglück. Die Fernethik des Fernsehzeitalters dient dazu, weit entferntes Unglück in unsere Nahwelt hineinzukopieren – und das kann dann propagandistisch gebraucht werden. Das propagierte Elend der Welt macht unserem Glück ein schlechtes Gewissen.

Die große Langeweile

Das vielleicht bedeutendste philosophische Werk des 20. Jahrhunderts, Martin Heideggers *Sein und Zeit*, ist in wesentlichen Partien eine Analyse der Angst. Doch in seinen Vorlesungen jener Zeit macht er deutlich, dass die genau entgegengesetzte extreme Stimmung, nämlich die Langeweile, als der Angst komplementär und funktional äquivalent gewertet werden kann. Und die Sondierung der Stimmung Langeweile scheint für die heutige Gesellschaft noch faszinierendere Befunde bereitzuhalten als der prominente Existenzialismus der Angst. Schauen wir genauer.

Langeweile ist nicht Ruhe, im Gegenteil. Sie macht unruhig, weil sie unausgefüllt ist. Langeweile ist eine Leere, die auf ein unbestimmtes Anderes verweist. Noch deutlicher: Wer sich langweilt, will etwas anderes. Wenn man davon ausgeht, kann man die Langeweile geradezu als Beweis dafür ansehen, dass man das Leben nicht auf Selbsterhaltung reduzieren kann. Die Langeweile ist nämlich eine Sehnsucht nach Hingabe. Sie lässt merken, dass es mit der neuzeitlichen Selbstbehauptung nicht getan ist. Der Kern dieser neuzeitlichen Selbstbehauptung, die schlichte Selbsterhaltung, ist natürlich eine selbstverständliche Notwendigkeit der Existenz. Aber schon eine moderne Konsensvokabel wie »Selbstverwirklichung« bringt zum Ausdruck, dass es dem Menschen um sehr viel mehr geht. Er ist das bewertende Wesen, und sobald er sich seiner Selbsterhaltung einigermaßen sicher ist, betrachtet er die Welt im taxierenden Selbstvergleich. Und Langeweile konfrontiert uns mit der Nichtigkeit unserer Existenz. Sie ist die Begegnung mit dem Nichts, die große Leere, die Theologen als Gottlosigkeit und Philosophen als Nihilismus bezeichnen.

In aller Trivialität schlägt dann Langeweile in Unruhe um. Man erinnere sich nur an eine gewöhnliche Schulstunde oder den letzten Vortrag eines Kollegen, den man sich höflich anhören musste. Sozialpsychologen sprechen in diesem Zusammenhang von Übersprungshandlungen: Man dreht den Ehering am Finger, spielt in der Hosentasche mit dem Autoschlüssel oder trommelt leicht mit den Fingerspitzen auf die Tischplatte. Wie schön wäre es, wenn jetzt irgendetwas passieren würde! Was dem Gelangweilten fehlt, ist die Dramatik, die das Leben lebendig erhält. Der Mensch, der sich langweilt, ist auf der Suche nach dem Lebensreiz. Das können wir aber noch grundsätzlicher fassen und sagen: Der Mensch ist immer auf der Suche nach Beschäftigung. Seine wichtigste Frage lautet: Gibt's was zu tun?

Warum das so ist, wird klar, wenn man sich mit der Funktionsweise des Bewusstseins beschäftigt. Es ist zwar das rätselhafteste aller menschlichen Phänomene, aber in einem sind sich Philosophen und Neurowissenschaftler doch einig: Das Bewusstsein ist in sich selbst fieberhaft und muss ständig zu etwas anderem übergehen. Störungen sind also der Normalfall des Bewusstseinslebens. Man könnte sagen: Es schreitet von Irritation zu Irritation. Das hat für unser Thema eine überraschende Konsequenz: Langeweile ist für das in sich unruhige Bewusstsein die Irritation, dass Irritationen ausbleiben. Mich stört, dass mich nichts stört. Dem entspricht die Einsicht des britischen Psychotherapeuten Adam Phillips, dass Langeweile der Wunsch nach einem Begehren ist. Es mangelt an Mangel.

Deshalb sind Massenmedien für das Bewusstsein ein Segen. Sie versorgen uns nämlich regelmäßig mit Irritationen. Das gilt aber auch für Sex, Drogen und Rock'n'roll. Selbst die politische Revolte kann, wie die 68er gezeigt haben, ein Heilmittel gegen die Langeweile sein. Ob wir uns nach Neuigkeiten oder Überraschungen sehnen – es geht immer um die Stimulation des Bewusstseins.

Dass Unruhe die Form ist, in der sich der Mensch auf sich selbst bezieht, weiß man seit der

Spätantike. Das lateinische Wort lautet »inquietudo«. Es meint nichts anderes als das englische Wort »uneasiness«, das sich im 18. Jahrhundert in England durchsetzt. Mögliche Übersetzungen wären Unbehagen, Unzufriedenheit, unerfüllbares Begehren, aber auch Neugier und Wille zur Macht. An die Stelle eines Zwecks und Ziels sind Unruhe und Irritabilität getreten. John Locke geht sogar so weit zu sagen, dass allein dieses Unbehagen den Willen des Menschen bestimmt. Im 20. Jahrhundert hat man diesen Befund dann auf die moderne Gesellschaft insgesamt übertragen. Unsere sozialen Systeme scheinen aus sich selbst heraus dauerhaft erregt zu sein.

Vor diesem Hintergrund können wir besser verstehen, warum wir nicht glücklich sind, obwohl wir eigentlich in der besten aller bisher bekannten Welten leben. Ja, man hat sogar umgekehrt den Eindruck, dass das Unbehagen in der Kultur ständig wächst. Das zentrale Dilemma unserer westlichen Wohlstandsgesellschaft besteht darin, dass gerade der hohe Lebensstandard frustriert. Der Ökonom Werner Sombart hat dieses Syndrom schon vor hundert Jahren als »Komfortismus« bezeichnet. Im modernen Leben ist alles auf Komfort ausgerichtet, und dafür opfern wir die Lust. Wir haben uns für die »geprüfte Sicherheit« und gegen Nietzsches »gefährlich leben« entschieden. Doch die Bequemlichkeit langweilt.

Wer sich langweilt, ist wunschlos unglücklich. Das ist offenbar der Preis, den wir alle für die Sicherheit und Bequemlichkeit des modernen Lebens zu zahlen haben.

Eine Erklärung für dieses Syndrom, das man Zivilisationslangeweile nennen könnte, hat die Soziologie in der Nachfolge Max Webers angeboten. In einem über Jahrhunderte sich erstreckenden Zivilisationsprozess haben Aufklärung und Wissenschaft die Welt entzaubert. Die großen Fortschritte der Rationalisierung, die uns politische Sicherheit, technischen Fortschritt und wirtschaftlichen Wohlstand gebracht haben, haben die Welt mit einem Mehltau der Langeweile überzogen. Die entsprechenden Symptome hat man im 19. Jahrhundert meist kulturkritisch unter dem Stichwort Dekadenz diskutiert. Es führt aber sehr viel weiter, wenn man hier das erkennt, was der amerikanische Wirtschaftswissenschaftler Walt Whitman Rostow die Buddenbrooks-Dynamik genannt hat. Im Blick auf unser Thema heißt das: Gerade die gut organisierte Gesellschaft langweilt. Langeweile ist der Preis, den die Moderne für die Rationalisierung des Lebens, also für die Temperierung der Leidenschaften durch Kapitalismus und Wissenschaft, gezahlt hat. »Temperiert« – das war eine Lieblingsvokabel Max Webers. Der Kapitalismus temperiert, d. h. er verdrängt die Leidenschaften aus dem Leben. Deshalb lauert überall die Langeweile – und wächst beständig das Bedürfnis nach Stimulation.

Die Psychoanalyse wollte nicht nur den neurotischen Einzelnen analysieren, sondern auch eine Pathologie des Zivilisationsprozesses insgesamt bieten. Und hier ist Sigmund Freuds Studie aus dem Jahre 1930 über das Unbehagen in der Kultur immer noch unübertroffen. Diese Studie sollte wohl ursprünglich »Das Unglück in der Kultur« heißen, was noch treffender gewesen wäre. Es geht nämlich nicht bloß um ein Nebenprodukt, sondern um das eigentliche Resultat des Zivilisationsprozesses. Auf der Suche nach den Gründen für das Unglück in der Kultur hat Freud vor allem die Triebunterdrückung herausgearbeitet. Das klingt heute, im Zeitalter der sexuellen Freizügigkeit, vielleicht nicht mehr so überzeugend wie im Wien des frühen 20. Jahrhunderts. Ich werde den Akzent aber auf ein anderes Motiv legen, nämlich auf das, was der Paläoanthropologe Rudolf Bilz »Stimulations-Verarmung« genannt hat. Wir sind so unglücklich, weil es uns an Erregung fehlt. Oder anders formuliert: Es fehlt uns heute weder an Triebfreiheit noch an Wohlstand, sondern an innerer Motivation.

Die Bequemlichkeiten des »Komfortismus« ersticken die Lust und produzieren Langeweile, denn in der zivilisierten Welt wird die Angsterlebnisbereitschaft nicht mehr bedient. Rudolf Bilz hat dafür den hervorragenden Begriff »Turbulenzmangel-Schäden« geprägt. So erklärt sich die Konjunktur der Risikoästhetik, die Suche nach der Lust des Gefährlichen. Generell gilt nämlich, dass wir das moderne Chaos des Lebens wagen können, weil es Versicherungen gibt, die Unsicherheiten und Gefahren wahrscheinlichkeitstheoretisch in Risiken verrechnen. Dadurch verwandeln sich für die Ästhetiker des Risikos Gefahren der Unsicherheit in Möglichkeiten der Überraschung, und das Chaos wird als »Wagniserreger« – so der genaue Begriff von Christian von Ehrenfels – geradezu gesucht. Man kann es aber auch ganz einfach sagen: Je bequemer das Leben, desto lustloser. Die Wohlstandsgesellschaft bringt das Opfer der Lust. Und deshalb brauchen die Konsumbürger die kompensatorische Lust des Gefährlichen.

Der Begriff Stimulations-Verarmung besagt also: Wir sind so unglücklich, weil es uns an Erregung fehlt. Die Zivilisation enttäuscht unsere Erlebnisbereitschaft. Wenn man mit Bilz davon ausgeht, dass dem Menschen eine Bereitschaft für Erlebnisse innewohnt, für die der Alltag keinen Spielraum mehr bietet, dann liegt die Erklärung für die Zivilisationslangeweile auf der Hand. Weil die Welt ihre Bedrohlichkeit verloren hat, fehlt es uns an Spannungserlebnissen. Je weniger Feinde es gibt, desto langweiliger wird die Welt.

Nun war ja die Haltung, die der Schweizer Zoologe Heini Hediger »Feindvermeidung« genannt hat, also die Wachsamkeit gegenüber dem Feind, urgeschichtlich primär. Heute manifestiert jedoch nur noch die Paranoia den Primat der Feindvermeidung: Die ganze Umwelt ist gefährlich. In der zivilisierten Welt wird nämlich die Angsterlebnisbereitschaft vom Normalgang des Lebens nicht mehr bedient. Wir haben ein Feind-Defizit, das dann kulturindustriell auf mannigfaltige Weise kompensiert werden muss.

Ausgerechnet drei Wirtschaftswissenschaftler haben die entscheidenden Einsichten in dieses Problem gehabt: Antoine-Augustin Cournot, John Maynard Keynes und Frank Knight. 1930 schrieb John Maynard Keynes einen Aufsatz über die wirtschaftlichen Möglichkeiten unserer Enkel. Diese Zukunft ist natürlich heute schon Vergangenheit. Unsere Zivilisation, so prognostiziert er, wird sich so weit entwickelt haben, dass zumindest in der westlichen Welt alle ökonomischen Probleme gelöst sind, d. h. dass alle Bedürfnisse der Menschen dauerhaft befriedigt werden können. Es wäre zu vermuten: Von nun an würde sich ihr Interesse auf nichtökonomische Ziele richten. Aber welche? Kann die Menschheit so ohne Weiteres umschalten von einer durch Knappheit disziplinierten Existenz, von der harten Arbeit des alten Adam zu einer paradiesischen Existenz der

Muße? Spricht nicht die Langeweile der Reichen dafür, dass wir die Fähigkeit zur Freude verlernt haben?

Keynes erwartete als Nebenfolge der Lösung des ökonomischen Problems einen allgemeinen Nervenzusammenbruch der Zivilisation, ablesbar an der Verzweiflung wohlhabender Frauen, denen gerade ihr Reichtum ihre traditionellen Aufgaben geraubt hat. Die Arbeit im Haushalt befriedigt nicht mehr, wenn sie wirtschaftlich nicht mehr notwendig ist. Die Tragödie unserer Wohlstandsgesellschaft besteht also darin, dass wir mit der freien Zeit, die wir uns immer gewünscht haben, nichts anzufangen wissen. Die Freiheit von drückenden ökonomischen Sorgen ist paradoxerweise selbst zu unserem Hauptproblem geworden. Wir haben das Problem, dass wir die wirtschaftlichen Probleme, die die Menschen seit Jahrtausenden bestimmt haben, gelöst haben. Die Kernfrage des modernen Menschen lautet nun: »how to occupy the leisure«, zu Deutsch: Wie beschäftige ich mich in meiner freien Zeit.

Der französische Wirtschaftsmathematiker Antoine-Augustin Cournot entwarf schon Mitte des 19. Jahrhunderts erstmals das Bild einer zivilisatorischen Phase, die man dann Posthistoire, also Nachgeschichte, genannt hat: die Zeit nach dem Ende der Geschichte. Die Leidenschaften des politischen Lebens haben sich beruhigt; alle

Interessen haben als gemeinsamen Nenner die Aufrechterhaltung des Status quo. Das Gesellschaftssystem stellt sich auf Dauer, indem es alle politischen Kräfte neutralisiert. Dadurch werden alle Lebensenergien abgespannt. Absehbar wird ein Endzustand absoluter Kristallisation, in dem die Menschen wie Termiten ein Gehäuse endloser Routinen und Ereignisfolgen bewohnen. Dieses statische Zeitalter der Nachgeschichte hat dann wieder die Stabilität der Vorgeschichte erreicht. Es entwickelt sich ohne Krise, ohne Bewusstsein und ohne Freiheit. Posthistoire heißt aber nicht, dass nichts mehr geschieht. Im Gegenteil: Ereignisse, Sensationen, Katastrophen allerorten. Aber es ändert sich nichts Wesentliches mehr in der Grundstruktur der westlichen Gesellschaft.

Die wohl berühmteste und polemischste Figuration des Posthistoire bietet Nietzsches Bild vom »letzten Menschen«. »Alle sehr gleich, sehr klein, sehr rund, sehr verträglich, sehr langweilig. Ein kleines, schwaches, dämmerndes Wohlgefühl über alle gleichmäßig verbreitet, ein verbessertes und auf die Spitze getriebenes Chinesentum.« Das ist eine der Schlüsselideen Nietzsches: Der letzte Mensch ist eine Art Chinese. Die letzten Menschen des Posthistoire folgen einer »Philosophie« des guten Lebens, die die Massen ergriffen hat. Sie beschwört die undefinierten Spitzenwerte Gesundheit, Gerechtigkeit und Nachhaltigkeit.

Man will die Schöpfung bewahren – aber wozu? Man will länger leben – aber wofür?

Im Posthistoire des Wohlfahrtsstaats ist Langeweile das Zentralproblem: eine universale geistige Stagnation. Dem, der sich langweilt, ist nichts wichtig. Wenn einem darüber hinaus noch nicht einmal wichtig ist, dass einem nichts wichtig ist, hat man den Zustand der Blasiertheit erreicht. In Karl Rosenkranz' *Ästhetik des Häßlichen* heißt es dazu: »Aus den unruhig ermatteten, genußgierigen, impotenten, übersättigt gelangweilten, vornehm cynischen, zwecklos gebildeten, jeder Schwäche willfahrenden, leichtsinnig lasterhaften mit dem Schmerze kokettierenden Menschen der heutigen Zeit hat sich ein Ideal satanischer Blasiertheit entwickelt«. Dieser Begriff spielt dann auch bei einem Verbündeten von Karl Marx, nämlich bei Arnold Ruge, eine Schlüsselrolle. Aber erst der Soziologe Georg Simmel hat ihn systematisch ausgearbeitet. Der Blasierte betreibt Selbsterhaltung durch Weltentwertung. Wir können deshalb Blasiertheit als Verlust der Unterschiedsempfindlichkeit für Werte definieren. Für den Berliner Simmel war das schon vor hundert Jahren ein typisches Großstadtphänomen. Zu starke Reize schwächen die Reaktionsfähigkeit, und deshalb ist der Blasierte unfähig, auf neue Reize mit der für sie angemessenen Energie zu reagieren. Und dieser Unfähigkeit entspricht dann das, was Simmel die Sucht nach bloßen Anregungen als solchen genannt hat – wir würden heute sagen: die Sucht nach der Sensation. Die Sensation bewirkt die Erregung, die den Blasierten fühlen lässt, dass er existiert. Doch in der Oszillation zwischen Sensation und Langeweile wird Wirklichkeit auf bloße Reizwerte reduziert.

Am blasierten Menschen kann man besonders gut beobachten, dass Langeweile aus Mangel an Intention entsteht. Nichts fesselt die Aufmerksamkeit. Das heißt, die Aufmerksamkeit findet kein Ziel, man kann sich nicht fokussieren. Und das ist eben charakteristisch für die Massengesellschaft großer Städte, in denen wir von Reizen überflutet werden. Wer sich langweilt, hat den Rhythmus einer selbstverständlichen, wohlvertrauten Lebenswelt verloren. Man kann auch sagen: Sein Zeitbewusstsein ist gestört. Telekommunikation rückt uns die ganze Welt auf den Leib, *Breaking News* reihen Schock an Schock, und mobile Kommunikation durch Smartphones erzwingt unsere permanente Erreichbarkeit. Dieses Tempo der modernen Informationsverarbeitung steht in einem grotesken Missverhältnis zu den biologischen Rhythmen des Menschen. Und deshalb erfährt er die Gegenwart als Leerlauf.

Seither erscheint das Bestehende immer als langweilig. Die alltägliche Existenz sehnt sich nach dem Ausnahmezustand des Rauschs. Das bequeme Leben schreit nach der Erregung der Lust. Wo ist die »action«? Das führt uns zu der Grundunterscheidung von Langeweile und Spannung. Wie jeder Horrorfilm beweist, kann man Schocks konsumieren. Die Sensation ist der Schock als Ware. Schreck lass nach! Wenn wir den Nervenkitzel suchen, tritt der Schock in den Dienst des Lustprinzips und erzeugt eine erregende, lustvoll genossene Spannung. Anthropologen können das gut erklären. Hinter dem spielerischen Konsum von Schocks steht der Wunsch nach radikal neuen Erlebnissen, in denen sich die ältesten Erlebnisse des Jägers wiederholen, nämlich Aufregung, Abenteuer und Sensation. Deshalb gibt es eine Wollust der Panik, eine Freude am Tumult, ein Vergnügen an der Furcht.

Wer Ängste und Sorgen hat, langweilt sich nicht. So war schon der große amerikanische Ökonom Frank Knight überzeugt: Menschen brauchen Sorgen und Ärger. Die Sorge macht die Dinge wichtig. Aber auch, dass man sich sorgt, ist wichtig. Denn die Sorge ist Unruhe und Hingabe zugleich. Und deshalb ist die Philosophie der Lust, also der Hedonismus, eine falsche Theorie des Lebens. Um das deutlich zu machen, hat Knight eine der berühmtesten Stellen des Neuen Testaments konterkariert. Bekanntlich heißt es im 1. Korintherbrief des Paulus: Nun aber bleiben Glaube, Hoffnung, Liebe, diese drei, aber die Liebe ist die größte unter ihnen. Frank Knight korrigiert: Es bleiben Schmerz, Kummer und Langeweile – und die größte von ihnen ist die Langeweile.

Uns fehlt die Stimulation des Abenteuers. Rudolf Bilz spricht von einer »Verlangweiligung unserer Welt« durch Wissenschaft und Aufklärung. In der modernen Welt der Versicherungen wird deshalb gerade die Unsicherheit zum Reiz. Solange der Blitz in Häuser einschlug, war er ein furchtbarer Zufall, der die Furcht vor dem Zufall begründete. Seit es aber Blitzableiter und analoge Sicherungsmechanismen der Zivilisation gibt, verschwindet die Angst vor der radikalen, letalen Kontingenz. Und was bisher perhorresziert wurde, bildet nun für viele das Medium raffinierter Lüste: der Zufall, das Ungewisse, das Plötzliche.

Hier ein beliebiges Beispiel. Der Rennwagen ist das hervorragendste technische Produkt einer Risikoästhetik, die offenbar ein tiefes Bedürfnis der modernen Welt befriedigt, nämlich das Abenteuer als Präparat. Beim Autorennen kann jeder Fahrfehler tödlich sein; man muss ständig die anderen Fahrer im Blick haben, auf den Straßenzustand achten und den Wagen beherrschen. Jeder Augenblick kann entscheiden, und in jedem Augenblick muss entschieden werden.

Das Leben ist gefährlich, weil Freiheit sein Element ist. Doch das gibt es heute nur noch an der Steilwand oder auf der Rennbahn. Im Rausch der Geschwindigkeit und über dem Abgrund erreicht man wieder die archaische Erlebnisschicht. Dem entspricht, dass die Identität zum Abenteuer wird. Ich riskiere, also bin ich. Dass man das wollen kann, ist das Geheimnis des Thrill: die Angstlust. Es geht nämlich um den Zustand der Ekstase, der durch Kontrollverlust entsteht. Es gibt keine Lust ohne Vertigo, den Taumel. Rudolf Bilz spricht in diesem Zusammenhang von der »archaischen Erlebnis-Bereitschaft, sich zu unterwerfen und kontrollieren zu lassen«. Bei der Angstlust haben wir es mit dem Erlebnis eines guten Schocks zu tun, der diese Faszination verlorener Selbstkontrolle erzeugt. Man kann zwar nichts tun, aber man kann voraussehen, was geschieht.

Technikangst und Risikoaversion

Das Risiko ist die Gegenwart der Zukunft. Um sie in Rechnung zu stellen, braucht man die Wahrscheinlichkeitstheorie als Mathematik der Unsicherheit. Denn wir können Wahrscheinlichkeit als quantifizierte Ungewissheit verstehen. Was in diesem Rahmen dann doch als Gewissheit erarbeitet werden kann, wird bezahlt mit Bedeutungsverlust. Das aber verleiht der modernen Wissenschaft und der Philosophie, die sie reflektiert, paradoxe Züge. So ist der Preis wissenschaftlicher Konsistenz die Unvollständigkeit. Sie hat, als strenge Wissenschaft, keine strenge Definition von Strenge. Und noch nie waren ihre Letztbegründungen so ungewiss wie heute.

Angesichts dieser Ungewissheit, Unsicherheit, Unschärfe und Unbestimmtheit bescheiden sich die meisten Wissenschaftler mit einem rein operativen Erkenntnisbegriff. Dabei geht es nicht mehr um Annäherungen an die Realität, sondern nur noch um die Möglichkeiten ihres Managements und ihrer Verwandlung. Man geht von der spezifisch modernen Erfahrung aus, dass das Operieren der sozialen Systeme prinzipiell unvorhersehbare Folgen in ihrer Umwelt hat. Deshalb ist jede Rationalität riskant, denn sie ist immer nur die Rationalität eines Teils der Gesellschaft.

So verzichtet die moderne Wissenschaft auf den Begriff der Objektivität und ersetzt ihn durch Operationalität. Möglich ist, was geht – aber betrachtet in der Zeitform des Futur II. So wird es funktioniert haben. Ob etwas möglich ist, wird nur die Zukunft zeigen. Erfahrung und Tradition allein helfen hier nicht mehr weiter. In der modernen Gesellschaft können soziale Komplexität und Kontingenz nicht mehr durch die Konstanten Tradition und Institution abgefangen werden, sondern nur noch durch Systemvertrauen. Aber das ist eben kein Plädoyer für Beliebigkeit. Paul Feyerabends Losung »anything goes« war, wenn man sie wörtlich nimmt, eine Fehlleitung. Nicht alles ist möglich, aber alles ist auch anders möglich. Und dann kann man fragen: Wie anders? Und nur rückblickend kann man sagen: Alles funktionierte.

Auf diese Situation kann man mit zwei unterschiedlichen Beobachtungsformen reagieren. Da ist zum einen eben das Risikokalkül der Wahrscheinlichkeitsrechnung. Und da ist zum anderen die Angst vor der Katastrophe, die sich mit dem ontologischen Begriff der Gefahr artikuliert. Und es ist eben keineswegs so, dass die Angst vor der Gefahr unrealistischer wäre als das Kalkül des Risikos. Was wir tun, hat unabsehbare Folgen für die Umwelt. Die Evolution der Weltgesellschaft vollzieht sich mit Risiken und Nebenfolgen. Wir wissen das, aber wir können nicht anders. Der Systemtheoretiker Niklas Luhmann formuliert es so: »Wir gehören nicht mehr zu jenem Geschlecht der tragischen Helden, die, nachträglich jedenfalls, zu erfahren hatten, dass sie sich selbst ihr Schicksal bereitet hatten. Wir wissen es schon vorher.«

Das ist aber einfach nur ein Wissen des Nichtwissens. De futuris contingentibus non est determinata *veritas*, heißt es bei Aristoteles. Über zukünftige Geschehnisse können wir keine bestimmte Wahrheit, keine Gewissheit haben. Wissenschaftler und Politiker müssten demnach einsehen, dass es kein Wissen über die Zukunft geben kann, sondern nur Meinungen. Für diese kann man werben. Man kann damit aber nicht beweisen, sondern allenfalls überzeugen. Wissenschaftler, die etwas anderes behaupten, missbrauchen ihre Reputation. Statistiken, Extrapolationen und auf ihnen basierende Szenarien sind ihre Rhetorik. Doch dass alles nur mehr oder minder wahrscheinlich ist, befriedigt natürlich nicht das Sicherheitsbedürfnis einer tief verunsicherten Gesellschaft. Deshalb lassen sich immer mehr Wissenschaftler dazu überreden, ihre Prognosen als Gewissheiten anzubieten. Und wer eine davon abweichende Meinung über die Zukunft hat, wird dann als Häretiker behandelt. Heute als »Klimaleugner«.

Es gibt also einen objektiven Grund für die grassierenden Angstneurosen: Noch nie wusste man so wenig von der Zukunft wie heute. Um das zu verstehen, muss man sich klarmachen, dass unsere Kultur mehr als je eine andere zuvor auf Wissen basiert. Nun verhält es sich aber so, dass wir nichts von künftigem Wissen wissen können, denn sonst wüssten wir es ja schon heute. Und daraus folgt eben: Je mehr unsere Zivilisation auf Wissen basiert ist, desto unvorhersehbarer wird sie. Mit anderen Worten: Je mehr das Wissen die Zukunft prägt, desto weniger kann man von der Zukunft wissen. Wenn man wüsste, was in der Zeitung von morgen steht, würde es nicht geschehen. Sir Karl Popper hat als Erster darauf hingewiesen, dass man künftiges Wissen prinzipiell nicht prognostizieren kann. Und gerade das neuzeitspezifische Wissenschaftswissen schwächt die Orientierungskraft von Tradition und gesundem Menschenverstand. Der Vorrat an Vertrautheiten schrumpft, und die Konstanz der Lebenswelt wird problematisch.

Das lässt sich auch an der Corona-Krise beobachten. Dabei handelt es sich um ein Ereignis, das von unserem Kontingenzbewusstsein nicht abgedeckt wird. Kontingenz heißt ja, dass alles, was ist, auch anders sein könnte – wenn auch nicht beliebig anders. Dieses Bewusstsein haben alle aufgeklärten Menschen. Aber was, wenn es anders anders wird als erwartet und eingeplant? Es gab die Pandemiepläne in den Schubladen – aber das Unerwartete kam anders, als man dachte. Die Experten können uns dann eigentlich nur sagen, dass wir lernen müssen, mit dem Nichtwissen umzugehen. Und den harten Kern dieses Nichtwissens bildet das unbekannte Unbekannte, für das es keine Experten gibt.

Die gesellschaftliche Evolution antizipiert also nicht die Zukunft, sondern reagiert auf Komplexität. Wir müssen uns deshalb, wie Hans Castorp in Thomas Manns *Zauberberg*, daran gewöhnen, dass wir uns nicht gewöhnen. Gewiss ist allerdings, dass unsere Zeiterfahrung mit Anfang und Ende nicht mehr zu fassen ist. Das ist gewiss eine der wesentlichen Ursachen für das wachsende Unbehagen an der technisch-wissenschaftlichen Fortschrittswelt. Es gibt in ihr eben weder Ende noch Wende. Die gesellschaftliche Evolution entfristet die Zeit und macht sie zur ziellosen Offenheit. Dass wir Zukunft haben und kein Wissen von der Zukunft haben, sind aber Vorder- und Rückseite derselben Freiheit. Wir bewegen uns auf ein Ziel zu, das sich selbst bewegt. Und deshalb gilt: Die Zukunft kann man nicht prognostizieren, sondern nur provozieren.

Man muss daher der neuen Wirtschaftsethik der Nachhaltigkeit eine schlechte Prognose stellen. Modernität ist eher das Gegenteil von Nachhaltigkeit. Die Koevolution von Teilen der Gesellschaft schafft ganz neue Formen. Und alle Teilsysteme üben Selektionsdruck aufeinander aus: Werte, Wissen, Organisation, Technik, Umwelt. Es scheint deshalb viel realistischer zu sein, mit Richard B. Norgaard, einem ehemaligen Professor für ökologische Ökonomie, davon zu sprechen, dass sich soziale Systeme und Umwelt in einer »*coevolution of unsustainability*« entwickeln. Es gibt keine planerische Integration der Umwelt; sie variiert anders als die Gesellschaft. Und daraus folgt: Man kann die Umwelt nicht verstehen, aber man muss sich in ihr behaupten. Koevolutionärer Wandel ist kein rational gestaltbarer Prozess, sondern geprägt durch Experiment, Selektion und wechselseitige Anpassung.

Doch wenn die Strategie der Nachhaltigkeit fehlschlägt, was dann? Friedrich von Hayek hat schon vor Jahrzehnten die »Anpassung an das Unvorhersehbare« gefordert. Dazu braucht man Spannkraft, Elastizität, Flexibilität, kurzum das, was die Amerikaner *resilience* nennen. Die Zauberformel des modernen Systemvertrauens lautet dann: *reliance in resilience*. Es geht dabei um die Leistungen der Schockabsorption und des Überraschungsmanagements. Man muss wohl zugeben: Das ist sehr viel leichter formuliert als getan. Und wer sich hier überfordert fühlt, konzentriert seine Unsicherheiten in der Angst vor der Technik.

Die moderne Technik ist der Natur gegenüber gleichgültig; sie nähert sich nicht der Welt an und sie folgt auch nicht dem Willen des Menschen. Gerade in der Indifferenz der abendländischen Technik gegenüber der Natur und der Seele liegt der Grund dafür, dass sie sich auf der ganzen Welt durchsetzen konnte. Im Anschluss an die Technik konstituiert sich tatsächlich eine Weltgesellschaft. Technik ist die konkrete Einheit der Welt. Mit anderen Worten, die Welt ist einheitlich genau in dem Maße, in dem sie westlich ist. Deshalb muss die moderne Technik aus der Perspektive aller anderen Kulturen als das Trojanische Pferd der abendländischen Rationalität erscheinen. Vor allem die Medientechnik der letzten fünfzig Jahre hat die Weltgesellschaft geschaffen, die alle Kulturen in einen neuen, universalen Container packt, der für alle zugänglich, aber auch für alle verpflichtend ist.

Weder der Begriff der Anpassung noch der des Werkzeuggebrauchs werden der Dynamik moderner Technisierung gerecht. Das ist entscheidend für die Überlebenschance des Menschen. Denn statt sich der Umwelt anzupassen, entwickelt er Intelligenz und Technik. In seiner Bedeutungslehre hat der Begründer der Umweltforschung, Jakob von Uexküll, eine sehr gute Formulierung für diesen Sachverhalt gefunden. Technische Gegenstände sind Brücken des Menschen zur Natur, die uns aber der Natur nicht annähern, sondern gerade von ihr ablösen. Die moderne Angst vor der Technik ist also die Angst des Menschen vor sich selbst. In der Technik tritt uns unser eigenes ungeheures Wesen entgegen.

Für Nietzsche sieht »unser ganzes modernes Sein, soweit es nicht Schwäche, sondern Macht und Machtbewusstsein ist, wie lauter Hybris und Gottlosigkeit aus. Hybris ist heute unsre ganze Stellung zur Natur, unsre Natur-Vergewaltigung mit Hilfe der Maschinen und der so unbedenklichen Techniker- und Ingenieur-Erfindsamkeit. Hybris ist unsre Stellung zu uns, denn wir experimentieren mit uns, wie wir es uns mit keinem Tier erlauben würden«. Das ist eine Formulierung von ungeheurer Aktualität, was sofort deutlich wird, wenn wir den Begriff Hybris modern neutralisieren, nämlich als Kreativität, die freie Entwicklung technischer Formen ohne Naturvorbild.

Wenn man die moderne technische Welt von der Theologie aus betrachtet, erscheint der technische Wille zur Macht als der Sündenfall. Genau wie die Sünde markiert nämlich die Technik die Kluft zwischen Existenz und Natur. Und die Geschichte von der Vertreibung aus dem Paradies besagt: Nun beginnt die technische Existenz. Die Vertreibung aus dem Paradies macht den Menschen zum Erfinder einer neuen Welt. Seine Maschine ist der kleine Kosmos, der dem technischen Willen des Menschen gehorcht. Damit aber entzweit sich der schöpferische Mensch mit der Schöpfung Gottes. Als Ingenieur ist er, wie Oswald Spengler das so schön formuliert hat, der »kleine Schöpfer wider die Natur«. Und von Anfang an vollzieht sich die Technisierung der Welt als schöpferische Zerstörung.

Technik ist die Taktik eines Lebens, das sich gegen eine feindliche Natur behauptet. Diese Selbstbehauptung des Menschen gegen die Natur als dem absoluten Feind prägt das Wesen der Technik. Sie ist prinzipiell Angriff oder doch zumindest Prävention. Und die Begriffe, die sie implementiert, sind sämtlich selektive Vorgriffe. Wir wenden uns der Welt also nicht mit dem ruhenden Blick der Kontemplation, sondern mit dem sondierenden Blick der Prävention zu. Im Vorgriff der Erwartung, den die Philosophie dann auf den Begriff der Intentionalität gebracht hat, steckt immer schon die Aggression des Unterscheidens. Wir stoßen hier auf die existenzielle Urszene: das Mängelwesen Mensch in Notwehrstellung zur feindlichen Welt.

Unter dem Titel Ökologie diskutiert man heute vor allem die Folgeprobleme der Technisierung, die, nüchtern betrachtet, nicht den Griff nach der Notbremse, sondern weitere Technisierung fordern. Derart macht sich die moderne Gesellschaft aber irreversibel von ihren Techniken abhängig. Es ist deshalb nicht erstaunlich, dass sich vor allem die deutsche »kritische« Intelligenz über Technikfeindschaft definiert hat. Und solange diese Blockade nicht aufgelöst ist, werden ihre Diskurse immer nur Hysterie und Angstlust erzeugen. Dass sie damit so erfolgreich sind, liegt daran, dass die Menschen bevorzugt an den schlimmstmöglichen Fall glauben. Sie lassen sich gerne Angst machen, solange man Schuldige benennen kann, die man für ihre Schuld zahlen lässt.

Katastrophen faszinieren vor allem dann, wenn man sie Menschen zurechnen kann. Deshalb hängt für die Weltstimmungslage heute alles davon ab, ob man den Klimawandel, den ja niemand leugnet, als anthropogen präsentieren kann. Dann funktioniert nämlich das *Blame Game*: Die Entscheidungen irgendwelcher Leute sind an den Übeln der Welt schuld. Kann man dann auch noch Opfer identifizieren – und seien es »zukünftige Generationen« –, dann ist die Moralisierung des Problems nicht mehr aufzuhalten. Wer sich betroffen fühlt, hat deshalb kein Interesse an Diskussion. Im Gegenteil: Konsensunfähigkeit wird geradezu zum Authentizitätsmerkmal des Protests. Er stiftet einen Kult der Authentizität und äußert sich als infantiler Aktivismus, der einen perfekten Feind braucht – und man findet ihn im »Klimaleugner«.

Dieser Protest gegen den »anthropogenen« Klimawandel wird stets von spektakulären Bildern des Fernsehens gestützt: abbrechende Eisschollen, scheinbar heimatlos gewordene Pinguine, Tsunamis, Dürrekatastrophen usf. Und hier kommt es dann zu einer positiven Rückkopplung zwischen medialem Katastrophenhunger und dem Ornament der empfindsamen jungen Massen auf den Straßen, denn der Protest ist selbst medientauglich. Man denke nur an Greenpeace, Fridays for Future oder Extinction Rebellion. Wenn es um die »gute Sache« geht, wird schon Neutralität als Unmenschlichkeit behandelt. Diese Politisierung aller Lebensverhältnisse vollzieht sich also gerade als Entpolitisierung, nämlich Moralisierung, des Diskurses. Man kann deshalb den Protest als Vorwärtsverteidigung gegen die Überforderung durch moralische Verantwortung für das Weltgeschehen begreifen.

Aber heute bedroht uns nicht mehr in erster Linie eine feindliche, fremde Natur, sondern die Unberechenbarkeit des Entscheidens von meinesgleichen. Um diese Dimension unseres Problems in den Griff zu bekommen, müssen wir zwischen Risiko und Gefahr unterscheiden. Gefahr ist ein ontologischer Begriff, Risiko ist eine Beobachtungsform. Die Welt des Risikos lässt sich so charakterisieren: Man weiß nicht genug und ist uneinig über die Folgen. Risiko impliziert also immer die Unmöglichkeit des Wissens. Mit dem technischen Wissen wächst das ökologische Nichtwissen, das heißt die Komplexität. Jede Gefahr kann man als Risiko kalkulieren, und jedes Risiko kann man als Gefährdung erleben. Offenbar gibt es kein objektives Kriterium dafür, zu entscheiden, wann man ein Unglück eine Katastrophe nennen kann. Das liegt vor allem daran, dass Entscheider und Betroffene die Katastrophenschwelle, also das Niveau des Unglücks, das Unheil bringt, ganz unterschiedlich ansetzen. Man könnte auch von einem Übersetzungsproblem sprechen: Übersetzt man das Unheil und die Übel der Welt in Risiko oder in Katastrophe? Heute beobachten wir eine Hypersensibilität für das Restrisiko. Dann werden aber die Nebenfolgen zur Hauptsache, die Restrisiken zu Hauptgefahren. Vor allem für die Deutschen scheint damit eine säkularisierte Variante von Pascals Wette wieder aktuell zu sein: Das Risiko, nicht an die drohende Klimakatastrophe zu glauben, ist zu groß.

Wir sind heute abhängig von technischen Systemen, die so komplex sind, dass wir ihre zukünftige Entwicklung nicht berechnen können. Und das macht Angst. Alles, was undurchschaubar ist, verunsichert. Wir haben die Technik nicht in der

Hand, aber wir können auch nicht aus ihr aussteigen. Risiko – das ist die Welt der Wahrscheinlichkeitsstatistik, der Unsicherheit, des Zufalls und der Chance. Und deshalb akzeptieren die meisten Menschen auch nur solche Risiken, für die sie selbst unmittelbar verantwortlich sind. Rauchen etwa, oder 200 km/h auf der Autobahn. Die großen Entscheidungen der Politik beurteilen wir stattdessen als Gefahren, gegen die eine Oppositionspartei dann Sicherheit verspricht.

Das Risiko entsteht an der durch die Form der Technik markierten Grenze zwischen kontrollierten und unkontrollierten Kausalitäten. Deshalb zieht die Technik alle Angst auf sich. Nun ist aber die Rationalität der modernen Gesellschaft ans Risiko geknüpft. Deshalb erregt sie ein permanentes Unbehagen. Denn das Kalkül mit dem Risiko ist komplex, die Angst vor der Gefahr und die entsprechende Forderung nach Sicherheit dagegen sind einfach. Es kann deshalb nicht überraschen, dass die ökologischen Folgen der Technik im öffentlichen Diskurs ihre zweckrationalen Perspektiven verdunkeln.

Zunächst einmal gilt, dass die Technik Gefahren in Risiken transformiert. Und das gilt nicht nur für den Bereich der Sicherheitstechnologien. Wer den Gurt nicht anlegt, riskiert bei einem Auffahrunfall schwere Verletzungen. Wer den Schirm nicht mitnimmt, riskiert, nass zu werden. Wer kein

Smartphone benutzt, riskiert, eine wichtige Information zu verpassen. Es gibt also immer mehr Risiken, weil es immer mehr technische Möglichkeiten der Gefahrenvermeidung gibt. Das ist trivial.

Doch diese Risiken der technischen Welt haben auch eine gefährliche Außenseite, nämlich für all diejenigen, die beobachten müssen, wie andere riskant handeln. Der Andere riskiert das Überholmanöver, weil er sich auf sein Auto und seine Fahrtechnik verlässt, aber damit zieht er mich eventuell in Mitleidenschaft. Das Risiko, das der Entscheider eingeht, wird für den Betroffenen zur Gefahr. Die Unterscheidung von Risiko und Gefahr ist also die Unterscheidung zwischen Entscheidern und Betroffenen. Die einen pflanzen genmanipulierten Mais an, die anderen haben Angst vor »Mutationen«. Jede Entscheidung verwandelt eine Unsicherheit in ein Risiko – aber eben nur für den Entscheider. Die Betroffenen haben eine völlig andere Perspektive auf denselben Sachverhalt, die viel plausibler scheint: Wir haben Angst!

Angst funktioniert paradox, insofern jeder Versuch, sie zu beschwichtigen, sie steigert. Vertreter der Atomkraft oder der Gentechnologie können davon ein Lied singen. »Zu Risiken und Nebenwirkungen lesen sie die Packungsbeilage und fragen Sie Ihren Arzt oder Apotheker« – das ist natürlich aufklärerisch und beruhigend gemeint, bewirkt aber genau das Gegenteil. Man gewinnt den Eindruck: Es gibt nichts Ungefährliches mehr. Man ist ständig unfreiwillig Risiken ausgesetzt. Und natürlich überschätzt der Mensch gerade diejenigen Risiken, denen er sich nicht freiwillig ausgesetzt hat. Bungee-Jumping oder bei Nebel 150 km/h fahren – das riskiere ich. Aber Feinstaub oder erhöhte Kohlenstoffdioxidwerte – das ist unerträglich.

Die Massenmedien unterstützen diese schizophrene Risikowahrnehmung und üben die Haltung ein, Opfer zu sein. So versammelt sich allabendlich vor dem Fernseher die Gemeinschaft der Ängstlichen. Hier ist nun ein Sachverhalt besonders wichtig: Das Gefühl der Bedrohtheit durch Risiken wächst nicht nur im Maße ihrer Unfreiwilligkeit, sondern vor allem auch im Maße ihrer Unsichtbarkeit. In der Angstkultur Deutschlands wird geradezu ein Spiritualismus der Bedrohtheit gepflegt: Ob Feinstaub oder Kohlenstoffdioxid – immer ist das Schädliche unsichtbar. Wer wagt da noch zu bezweifeln, dass das Leben immer gefährlicher wird? Doch Angst ist auch hier ein schlechter Ratgeber. Denn die entscheidende Frage lautet: Wachsen die Gefahren, oder einfach nur unsere Ängste?

Doch nicht nur die Gefälligkeitsforschung der Alarmsignale, sondern auch der Exhibitionismus des Publikums hält die Angstindustrie in Schwung.

Es sind gerade die Gebildeten und Engagierten, die ihre Angst vor XY öffentlich ausstellen. Nun muss man kein Psychoanalytiker sein, um zu begreifen, dass die Unheilserwartungen die bösen Wünsche der »Guten« sind. Im Angsttraum ängstigen wir uns nämlich nicht vor dem Schrecklichen, sondern vor unserem eigenen Wunsch danach. Bei C. G. Jung heißt es dazu in seinem Werk über die Wirklichkeit der Seele: »Die gigantischen Katastrophen, die uns bedrohen, sind keine Elementarereignisse physischer oder biologischer Natur, sondern psychische Ereignisse. Statt wilden Tieren, stürzenden Felsen, überflutenden Gewässern ausgesetzt zu sein, ist der Mensch jetzt seinen seelischen Elementargewalten ausgesetzt. Die Aufklärung, welche die Natur und die menschlichen Institutionen entgöttert hat, hat den einen Gott des Schreckens, der in der Seele wohnt, übersehen.« Wenn wir heute also statt auf die archaische Angst vor dem Feind immer wieder auf die Angst vor der ökologischen Katastrophe stoßen, dann handelt es sich eigentlich um die Angst vor dem eigenen Wunsch nach der Katastrophe. So fragt Jacques Derrida: »Wer könnte schwören, dass unser Unbewusstes nicht darauf wartet, nicht davon träumt, es nicht wünscht?«

Von dieser Lust am Untergang lebt die Politik der Urängste. Früher fürchteten sich die Menschen vor Ungeheuern, wie sie noch Homer in seiner Odyssee vergegenwärtigt. Heute glaubt niemand mehr an Monster, aber die seelische Einstellung hat sich nicht verändert: eine permanente Vergegenwärtigung des Ungeheuren, Unvertrauten aus dem Horizont der Angst. Nur dass jetzt drohende Katastrophen die Ungeheuer der Vorzeit ersetzen. Weil der Mensch, anders als das Tier, keine Umwelt hat, in die er eingepasst wäre, also nicht in einem symbiotischen Verhältnis zur Natur steht, entwickelt er nicht nur konkrete Ängste, sondern auch das, was der Schweizer Psychiater Paul Eugen Bleuler Phobophobie genannt hat: die Angst vor der nächsten Angst angesichts des immer Unerwarteten.

Der archaische Mensch hatte Weltangst, Raumscheu. Der mittelalterliche Mensch hatte Angst vor Gottes Allmacht. Der moderne Mensch hat Angst vor den eigenen Techniken. Um es mit Friedrich Schleiermachers Definiens der Religion zu fassen: Das Gefühl der schlechthinnigen Abhängigkeit richtet sich heute auf die Technik. Das ist eine genaue Reaktionsbildung auf die Religion des technischen Fortschritts, die noch für das 19. Jahrhundert selbstverständlich war. Das anthropologische Motiv dieser Rhetorik liegt in der funktionalen Äquivalenz von Religion und Technik angesichts der ursprünglichen Hilflosigkeit des Menschen. Doch gleichgültig, wie das Vorzeichen gesetzt wird – das Entscheidende an solchen Formulierungen ist der Kurzschluss von Theologie und Technologie.

Kann man die ökologischen Folgen der Technik noch mit den Begriffen von Risiko und Entscheidung fassen? Und wenn nicht, muss man dann wieder von Schicksal und Gefahr sprechen? Nur die Europäer, die die technische Welt geschaffen haben, haben Angst vor der Technik. Man müsste diese Angst ernst nehmen, ohne ihr nachzugeben. Der antitechnische Affekt des humanistisch gebildeten Bürgers vor allem in Deutschland hat nämlich den gleichen Effekt wie der Technikfetischismus der *Gadget Lovers*. »Alarm!« und »Keine Panik!« sind komplementär.

Das religiöse Bedürfnis

Max Webers Begriff der Entzauberung ist der Schlüsselbegriff des Selbstverständnisses der Moderne. Entmythisierung, Entzauberung, Entauratisierung, Säkularisierung – das sind verschiedene Bezeichnungen für den abendländischen Intellektualisierungsprozess, der das Projekt der Aufklärung so konsequent zu Ende geführt hat, dass er schließlich sogar Abschied nimmt von der Vernunft. Die große »Weltrationalisierung« vollzieht sich als Technisierung, und das heißt in der Gewissheit, die Welt durch Berechnen beherrschen zu können.

Weber hat das in dem Satz resümiert, die Wissenschaft sei »die spezifisch gottfremde Macht«. Er zeigte, wie die wissenschaftliche Entzauberung der Welt zum bedeutungslosen Sein die Intellektuellen beim Blick auf dieses ›Sinn‹-Problem der Welt zu immer neuen Bedeutsamkeitskonzeptionen geführt hat. So, nämlich in der Zurückweisung der Zumutung einer sinnwidrigen Welt, entstand die Metaphysik. Doch die Entzauberung der Welt zu einem Ensemble von sinnfremden Tatsachen lässt sich nicht widerrufen. Je wissenschaftlicher und technischer unsere Welt wird, desto unmöglicher ist es, sie als »sinnvoll« zu erfahren.

Die sinnvolle Ordnung der Welt, der Kosmos, ist im Prozess der Moderne zerfallen in die absolute Immanenz der technischen Welt und die Sinnfrage, die eben durch die Abschaffung der Transzendenz provoziert wird. Man kann es auch so sagen: Technisierung verschiebt das Sinnproblem ins Operationale und der geläufige Name für jene Entzauberung der Welt lautet seither Säkularisierung. Philosophie ist seither – und Novalis hat es ausgesprochen – Heimweh; ihr lebensweltlicher Niederschlag nicht selten der Drang zum Auszug aus dem stahlharten Gehäuse eines bürokratischen Formalismus, wie Weber den Zielpunkt einer als sinnlos empfundenen technischen Entzauberungsdynamik genannt hat.

Max Webers Leitmotiv wird schon im ersten Satz der Vorbemerkung zu den *Gesammelten Aufsätzen zur Religionssoziologie* entwickelt. Er stellt die Frage, welche Umstände dazu geführt haben, dass nur im Okzident Kulturentwicklungen von universeller Gültigkeit angestoßen wurden. Und Weber lässt jeden Vorwurf des Eurozentrismus ins Leere laufen mit der Einschränkung: »wie wenigstens wir uns gern vorstellen«. Doch das führt nun gerade nicht zum Kulturrelativismus, denn die Fragestellung ist »unvermeidlich« – und

»berechtigt«. Der ganze Streit um Weber steckt in diesem einen Satz wie in einer Nussschale. Es geht um den Siegeszug der abendländischen Rationalität, die die ganze Welt umformatiert hat.

Heute, hundert Jahre nach Webers berühmter Rede über Wissenschaft als Beruf, kann man jedoch den Eindruck gewinnen, als habe die spezifisch gottfremde Macht Wissenschaft den Kampf gegen die Religion verloren. Der Stolz der abendländischen Rationalität ist allenfalls noch ein Sündenstolz. Religiöser und ökologischer Fundamentalismus haben einen Zangenangriff auf die Neuzeit gestartet. Und ein grüner Pantheismus will die Entzauberung der Welt widerrufen.

Wir sind ja davon ausgegangen, dass man Faszinationskraft und Fanatismus der Umweltaktivisten nur erklären kann, wenn man erkennt, dass sie eine Ersatzreligion bieten. Dass das ein Erfolgsrezept sein kann, setzt natürlich voraus, dass es auch und gerade in der modernen, säkularisierten Welt ein tiefes religiöses Bedürfnis gibt. Und tatsächlich lässt sich nicht mehr leugnen, dass der zur Selbstverständlichkeit gewordene Säkularismus der modernen Welt heute von einer neuen Religiosität herausgefordert wird. Das Erschrecken darüber hat Gilles Kepel in eine poetische Formel gebannt: die Rache Gottes. Die von der Aufklärung verdrängte Religion kehrt wieder und schickt sich an, den Prozess der Modernisierung zu revidieren. Immer mehr Menschen glauben nicht mehr an den Unglauben. Sie suchen nach einem Leben jenseits von Atheismus und Utilitarismus. Doch die Erzengel der Aufklärung versperren ihnen den Rückweg in die christlichen Kirchen. So gewinnt man leicht den Eindruck: Viele Leute möchten glauben, aber sie wagen es nicht.

Nach dem Tod Gottes wird aus Religion Religiosität; sie bekommt in der modernen Gesellschaft tatsächlich jene Opium-Qualität, die Karl Marx ihr nachgesagt hat. Mit anderen Worten: Säkularisierung produziert atheistische Religiosität, das Parfüm des Heiligen. Warum die Menschen danach verlangen, ist leicht zu erklären. Nur Religion bietet die absoluten Metaphern, die es vermögen, das Ganze zu imaginieren. Religion schließt also den Sinnhorizont; sie ist spezialisiert auf das Ganze. Und diese Leistung ist für die meisten heute wichtiger denn je. Religion ist die rituelle Konstruktion von Sinn im Überraschungsfeld der Welt.

Offenbar haben wir die Zeiten hinter uns, die glauben konnten, die Religion hinter sich gelassen zu haben. Dass Religion nur durch Religion ersetzt werden kann, scheint heute unstrittig. Mag auch der Einzelne ohne ihren Trost auskommen – die moderne Gesellschaft kann nicht auf die Funktion der Religion verzichten. Das scheint der vernunftmäßigen Selbstgewissheit der Aufklärung und ihrem wissenschaftlich-technischen Projekt der Moderne zu widersprechen. Doch gerade die Entzauberung der Welt durch Wissenschaft hat überhaupt erst die Unvermeidlichkeit der Religion evident gemacht. Gerade indem sie sich souverän behauptet und jeden Zweifel an ihrer Legitimität niederschlägt, erzeugt die Wissenschaftswelt ein Vakuum der Bedeutsamkeit.

Moderne Wissenschaft ist zentrifugal – sie entfernt sich vom Menschen und seiner Erde in astronomische und Nano-Dimensionen. Religion dagegen ist zentripetal – christlich verweist sie auf das historische Ereignis der Fleischwerdung Gottes, neuheidnisch auf die kosmische Ausnahme Erde. Gerade die Erfolge von Wissenschaft und Technik führen zu einer Rückwendung des humanen Interesses: Man fliegt in den Weltraum – um schließlich den kostbaren blauen Planeten Erde zu entdecken. Man startet ein Jahrhundertexperiment des Atheismus – um schließlich auf die Unvermeidlichkeit der Religion zu stoßen.

Sein heißt heute Ersetzbarkeit. Der Fachbegriff, der diese Erfahrung versiegelt, lautet Kontingenz: Alles was ist, wäre auch anders möglich. Charakteristisch für die moderne Welt ist darüber hinaus die Absenkung der Standards, eine metaphysische Niedrigbauweise, ein ständiges Niedrigerhängen der Ideale, eine radikale Horizontbegrenzung des Denkens auf das Machbare – und eben eine Selbstbegründung durch Selbstermächtigung. Doch damit erzeugt die Wissenschaftswelt ebenjenes Vakuum der Bedeutsamkeit. Und gerade deshalb wächst der Absolutheitshunger, die Sehnsucht nach dem unersetzlich Einfachen. Mit anderen Worten: Der von den modernen Wissenschaften ausgeräumte Himmel, die Leere des Absoluten, hat ein Vakuum erzeugt, das die von der Aufklärung verdrängte Religion machtvoll ansaugt.

Religion bezeichnet die Form des Gefühls fürs Absolute. Und sie wird genau in dem Augenblick wieder aktuell, da die spezifisch modernen Lebens- und Erkenntnisformen wie Relativismus, Individualismus und Ausdifferenzierung nur noch ein kulturelles Unbehagen erzeugen. Wir können also sagen, dass die Neuzeit mit einer radikalen Entlastung vom Absoluten beginnt und dass sie mit einer tief empfundenen Nostalgie nach dem Absoluten endet. Gerade auch der vollends aufgeklärte Mensch sehnt sich nach der archaischen Autorisierung. Das ist ein guter Begriff des Psychologen Julian Jaynes, der in seinem bedeutenden Buch über den Ursprung des Bewusstseins die Weltgeschichte als langen Abschied vom Heiligen darstellt.

Historisch lässt sich unsere moderne Orientierungslosigkeit, der Verlust der Tradition und ihres *summum bonum*, des höchsten Gutes, gut erklären. Der in den konfessionellen Bürgerkriegen eskalierte Kampf um den richtigen Glauben musste beendet werden, und dabei blieb die Frage nach dem Richtigen auf der Strecke. Hier beginnt die Moderne als Geschichte der Neutralisierungen und des Relativismus. Die Vollendung der Aufklärung hat uns dann in der Frage nach dem richtigen Leben radikal unwissend gemacht. Jeder Sieg in der Wirklichkeit ist seither eine Niederlage der Seele. Wenn wir aber sagen, dass die Moderne in ihrer charakteristischen Niedrigbauweise die Frage nach dem Richtigen ausschlägt, dann wollen wir akzentuieren, dass es sich hier nicht um einen Werteverlust, sondern um einen bewussten Werteverzicht handelt. Doch das kann man nur denken, nicht leben; deshalb die Nostalgie nach dem Absoluten.

Von dem Orientierungsvakuum, das der Niedergang der christlichen Kirchen erzeugt hat, profitieren vor allem diejenigen Organisationen, die den unverändert starken religiösen Impuls in ein neues Glaubensschema umleiten können. Auch bei den so entstehenden gesellschaftlichen Heilsbewegungen gilt das Gesetz, dass sich die Extreme berühren. Zum Bild von der Katastrophe, dem absoluten Unheil am Ende der Zeit, passt der Traum vom Paradies, dem absoluten Heil am Anfang der Zeit. Das Paradies ist die Welt des Infantilen, die heile Diesseitswelt. Im Paradies gibt es keine komplexen Beziehungen; jedes Ding ist eine Welt. Es gibt nichts Unbekanntes, und die Erfahrungen decken sich mit den Erwartungen. Die Zeit des absoluten Anfangs und die Zeit des absoluten Endes faszinieren beide durch ihre Simplizität. Paradies und Apokalypse sind funktional äquivalent, denn beide verheißen eine Existenz, für die Lebenszeit und Weltzeit zusammenfallen. So versteckt sich das grüne Heilsversprechen in der Frage: Könnte man angesichts der drohenden Katastrophe die Bewegungsrichtung der Menschheit – Fortschritt genannt – nicht einfach umkehren und wieder zurück ins Paradies kehren?

Ein Heilsversprechen suggeriert uns, dass wir Erlösung brauchen. Im Licht der Erlösung wird uns erst klar, dass und wie unglücklich wir sind. Jedes Heilsversprechen ist also zugleich Elendspropaganda. Wie Ärzte einen Therapiebedarf produzieren, so schaffen Propheten einen Bedarf nach Erlösung. Das zeitigt einen wichtigen psychologischen Effekt: Die Sehnsucht nach dem Heil entwertet alles, was der Fall ist, zu Requisiten des Unheils und legitimiert die Rücksichtslosigkeit als revolutionäre Ungeduld. Indem es Charisma gegen die Pietät aufbietet, diffamiert das Heilsversprechen die Rechtsordnung. Die Anhänger der Öko-Religion suchen das Heil in der Schöpfungsordnung.

Die Anhänger der Öko-Religion glauben zwar nicht an einen Gott, aber sie schätzen die verhaltenssichernde Kraft der Rituale. Rituale entstehen aus dem Schiffbruch der Unmittelbarkeit. Es ist nämlich tödlich für den Menschen, sich für ein natürliches Wesen zu halten; er passt nicht in die Welt. Und Riten kompensieren nun genau diesen Mangel an Umwelteingepasstheit. Jedes Ritual produziert rein als Form Vertrautheit und Bedeutsamkeit. Es macht immun gegen Enttäuschungen. Der Vorrang des Rituellen ermöglicht den Placeboeffekt, den man nicht gering schätzen sollte, wenn man nichts anderes hat. Entsprechend sehen denn auch die grünen Ideen aus. Niklas Luhmann hat sie »handlungsnah, aber realitätsfern« genannt. Hausmüll trennen, Wasser sparen, auf Plastiktüten verzichten, das Hotelhandtuch mehrfach benutzen – man tut etwas für die Umwelt. Das hilft vielleicht nicht der Natur, aber der Seele. Denn ihre rituellen Bußhandlungen ersparen den ökologischen Aktivisten das Schuldbewusstsein, um es damit gleichzeitig zu kultivieren.

Wie man es bei Sekten typischerweise antrifft, sind sich die Anhänger des ökologischen Bewusstseins ihres Heilswegs absolut sicher. Die Faszinationskraft der fanatischen Gewissheit verdankt sich einer Konstruktion, die die Welt mit der religiösen Unterscheidung Heil/Verdammnis ordnet. Der entscheidende psychologische Effekt besteht darin, dass das Heilsversprechen zugleich

Hysterie und Hoffnung produziert. Soziologisch bedeutsam ist, dass die Heilsgewissheit den größtmöglichen Gegensatz zur spezifisch modernen Ungewissheit darstellt. Die Faszinationskraft des Fanatikers rührt zum einen daher, dass er immun ist gegen Kritik; er hat ja eben die Heilsgewissheit gegen die allgemeine Ungewissheit. Der Fanatiker erlöst von der Komplexität, denn er hat die Kraft, viele Dinge nicht zu sehen. Der Fanatismus ist also die Willensstärke der Schwachen und die Lebenssicherheit der Unsicheren; dahinter steht letztlich das Begehren nach einem Befehl.

So ist allmählich eine Art sanfter Wahnsinn gesellschaftsfähig geworden. Man denke nur an die Tabus und Verbote der politischen Korrektheit, an die gepflegte Hysterie in allen Umweltfragen, an die Überempfindlichkeit der Schneeflocken-Generation und vor allem natürlich an den parareligiösen Greta-Kult. Dass bei den Veganern Essen zur Religion geworden ist, oder dass man den Frauen der westlichen Welt nahelegt, weniger Kinder bekommen, um den »ökologischen Fußabdruck« zu vermindern, erstaunt heute kaum mehr jemanden.

Für diesen sanften Wahnsinn sind die Prozesse der Globalisierung und Digitalisierung ausschlaggebend. Während die Globalisierung einen Lebenshintergrund allgemeiner Verunsicherung erzeugt, macht die Digitalisierung die Angst epidemisch, denn die Informationsflut steigert die Stimmungsschwankungen der Menschen ins Extreme. Angst ist fast immer ein Kaskadeneffekt. Man fürchtet sich vor etwas, weil die anderen sich davor fürchten und weil die Medien uns dramatische Beispiele des Bedrohlichen vor Augen führen. Und daraus kann man Politik machen. Denn wer Angst hat, lässt sich in seinem Verhalten leicht vorausberechnen und kontrollieren. Greta wünscht sich ja, dass wir in Panik geraten. Panik ist aber ein Nervenzusammenbruch und eine moralische Kapitulation.

Eine moderne Gesellschaft kann wohl nicht anders, als einen Wahn, der massenweise auftritt, als neue Form von Intelligenz anzuerkennen. Dadurch wird die ökologische Angstneurose zum Identitätsentwurf aufgewertet. Freud definiert die Neurose als »konstant lauernde Ängstlichkeit«, die auf jeden Anlass anspringt. Die neurotische Angst funktioniert also wie Geld als allgemeines Äquivalent. Es ist die bare Münze der Seele. Nun ist es charakteristisch für Neurotiker, dass sie ein infantiles Verhältnis zur Gefahr haben. Die Unheilserwartung wird bei ihnen habituell. Freud spricht von einer »frei flottierenden Angst, die bereit ist, sich an jeden irgendwie passenden Vorstellungsinhalt anzuhängen, die das Urteil beeinflusst, die Erwartungen auswählt, auf jede Gelegenheit lauert, um sich rechtfertigen zu lassen«. Frei flottierende Angst und extreme Reizbarkeit sind äquivalente Affekte zur Verarbeitung von Unsicherheit. Der Neurotiker klammert sich an seine Angst und wird darin von den Warnern und Mahnern in den Medien bestätigt. Das einschlägige Stichwort lautet hier: Identitätspolitik. Im Klartext bedeutet das, dass Hysteriker nicht mehr psychoanalytisch behandelt, sondern politisch geadelt werden. So verlangt jeder Wahn heute Respekt.

Bekanntlich hat die ökologische Bewegung das Erbe der Studentenbewegung angetreten. Ihr Erfolgsgeheimnis liegt darin, dass sie den Negativismus der Kritik durch eine politische Theologie ersetzt haben: das Narrativ von der Rettung der durch Umweltverschmutzung und Klimakatastrophe bedrohten Erde. Das verspricht neuen Halt inmitten des nihilistischen Strudels. Und das ist durchaus stilbildend geworden. Zunehmend verdrängen Narrative der Identität die wissenschaftliche Wahrheit, die eben nicht tolerant ist. Flankiert werden sie von der Sprachpolizei der politischen Korrektheit. Gesellschaftliche Gruppen, die sich der Welt pazifistisch und humanitaristisch zeigen, wenden ihre Aggression nach innen im unerbittlichen Kampf gegen die Andersdenkenden. Die grünen Puritaner berauschen sich an Vorschriften und Verboten. Und das funktioniert, weil sie den Menschen eine handfeste politische Theologie anbieten – eine Geschichte von drohendem Weltuntergang und möglicher Rettung. Den Weltrettern steht aber die Demokratie im Weg. Das sieht man gerade auch an Jugendbewegungen wie Fridays For Future und Extinction Rebellion. Um ihre Wahrheit zu verkünden, wollen sie denen, die widersprechen, den Mund verbieten. Sie folgen damit einer Anweisung, die Herbert Marcuse schon den 68ern gegeben hatte, nämlich die »repressive Toleranz« der bürgerlichen Meinungsfreiheit durch die »befreiende Toleranz« der Revolution zu ersetzen. Gemeint war und ist: Weil unsere Gesellschaft in Gefahr ist, ist es gerechtfertigt, die Rede und Versammlungsfreiheit aufzuheben. Und das bedeutet konkret: »Intoleranz gegenüber Bewegungen von rechts und Duldung von Bewegungen von links« (Marcuse).

Politisch geadelte Hysterie genügt den Aktivisten aber heute nicht mehr. Die Forderung nach Panik macht deutlich, dass es sich bei Bewegungen wie Fridays for Future, Extinction Rebellion und MeToo eigentlich um therapeutische Proteste handelt. Es geht nicht um politische sondern psychische Probleme. Der Konformismus ihres aggressiven Ungehorsams verschafft den Aktivisten den infantilen Trotzgenuss einer Protestidentität.

Eine wesentliche Ursache des Infantilismus, der unserer Gesellschaft heute so zu schaffen macht, hat schon Freud präzise benannt: »Die

›Verwöhnung‹ des kleinen Kindes hat die unerwünschte Folge, dass die Gefahr des Objektverlustes – das Objekt als Schutz gegen alle Situationen der Hilflosigkeit – gegen alle anderen Gefahren übersteigert wird.« Die Kinder werden so sehr verwöhnt, dass sie ihre Aggression nach außen wenden müssen: als Strafpredigt gegen die Erwachsenen. Das verschafft ihnen die narzisstische Befriedigung, sich für besser zu halten als die anderen. Und genau das beobachten wir heute bei Jugendbewegungen wie Fridays For Future.

Ihre Interessen und Leiden erscheinen den Kindern übermäßig groß. Für den wirklich Erwachsenen, also aus dem Infantilismusstadium Herausgewachsenen, sind sie nichtig, er lächelt nachsichtig. Aber die Psychoanalyse hat eben auch ernst gemacht mit dem Satz: Das Kind ist der Vater des Mannes. Der Infantilismus vieler Erwachsener äußert sich als Konformismus, den die Angst vor dem Liebesverlust der Gemeinschaft antreibt. Das war es wohl, was Nietzsche mit dem »Imperativ der Herdenfurchtsamkeit« meinte.

Das Selbst des Protests, das die Gesellschaft beschuldigt, ist also nur die modische Maske der Konformisten des Andersseins. Es entspricht nämlich dem schon von Schopenhauer enthüllten Geheimnis des Protests, dass die Aktivisten zwar mit dem Schicksal entzweit, aber mit ihrer Existenz versöhnt sind. Sie suchen den Widerspruch, um ihren Trotz kommunizieren zu können. Und der Widerstand, den sie erfahren, führt dann nicht zum Zweifel an der eigenen Realitätskonstruktion, sondern wirkt radikalisierend. Diese Bewegungen haben einen gemeinsamen Nenner. Sie sind lustfeindlich, doktrinär, ultraorthodox und humorlos. Damit bieten sie nicht nur den neuen Jakobinern, sondern auch den neuen Viktorianern eine Heimat.

Es handelt sich also wohl um eine optische Täuschung, wenn man die heutigen Protestbewegungen mit kritischem Bewusstsein und linker Politik identifiziert. Eher haben sie etwas mit Kindlichkeit, Pubertätsriten und dem künstlichen Paradies überlanger Ausbildungszeiten zu tun. Die Bildung der Sekte geht nämlich der Kritik voraus – sie propagiert den Protest als Königsweg der Sinnsuche. »The movement is the message« – so, in Abwandlung der berühmten McLuhan-Formel, der italienische Soziologe Alberto Melucci. Dass dieser Mechanismus gerade bei intelligenten Menschen besonders leicht einrastet, hängt mit ihrer Anfälligkeit für moralistische Rhetorik zusammen. Man lässt sich von einer Gesinnungsrhetorik faszinieren, die sich in Verantwortungsappellen versteckt.

Moderne Gesellschaften kultivieren Unzufriedenheit auf hohem Niveau. Zwar ändern sich die Beschwerdeinhalte, aber die Jammerrate bleibt konstant. Das begründet die Dynamik des politischen Engagements. Man kann nämlich Zukunftsungewissheit kompensieren durch die Gewissheit, die man als Teilnehmer einer sozialen Bewegung gewinnt. Ich protestiere, also bin ich. Mit dem berühmt gewordenen Begriff der »shifting involvements« hat Albert O. Hirschman die faszinierende Beobachtung markiert, dass politisches Engagement heutzutage zumeist eine Flucht aus der Enttäuschung des Konsums ist. Mit anderen Worten: Auch politische Beteiligung ist eine Form des Konsums. Diese Einsicht ist durch die Tatsache verstellt, dass Engagement etwas kostet, vor allem Zeit. Doch muss man begreifen, dass politische Partizipation immer eine Investition in Identität ist. Und man muss sehen, dass Kosten einen Eigenwert gewinnen können, wenn der Weg mit dem Ziel zusammenfällt. Das gilt für die Wallfahrt des Gläubigen, für das Training des Körperbewussten und eben auch für das Engagement der ökologischen Jugendbewegung.

Schuld, schlechtes Gewissen und Verwandtes

In seinem Aufsatz »Nach dem Nihilismus« hat Gottfried Benn das Schicksal der modernen Welt ins Bild einer Ellipse gebracht, die um zwei Brennpunkte konstruiert ist: Nihilismus und progressive Zerebration. Zum Begriff des Nihilismus kann man seit Nietzsche ganze Bibliotheken durchforsten. Interessanter scheint heute aber der Begriff der progressiven Zerebration. Geprägt hat ihn der österreichische Neurologe Constantin von Economo. Er bezeichnete damit die geistige Evolution des Menschen, die zu einer Zunahme der Gehirnmasse geführt hat. Benn hat versucht, beide Begriffe ins ästhetisch Positive umzudeuten: Nihilismus als bewusster Werteverzicht und progressive Zerebration als »Verhirnlichung«, die einen neuen anthropologischen Stil des konstruktiven Geistes ermöglichen sollen.

Wenn man Benns Artistenmetaphysik abzieht, können wir immer noch eine für unser Thema wichtige Einsicht festhalten. Um es mit Arnold Gehlen zu sagen: das Gehirn luxuriert. Und je mehr die wissenschaftlich-technische Welt unsere Existenz mit einem Sicherheitspanzer umschließt, umso mehr sucht der Geist nach Abenteuern und Gefahren, die seinen Problemlösungsfähigkeiten entsprechen. Dass das Gehirn luxuriert, bedeutet dann konkret, dass das Vernünftige des Zögernd-Präventiven, das ursprünglich die menschliche Rationalität auszeichnete, umschlägt in den Wahn der Katastrophenerwartung.

Kenner der *Dialektik der Aufklärung* wird das nicht überraschen. Das luxurierende Denken des Wohlstandsbürgers, der in einer Welt der Vorsorge und Versicherung lebt, öffnet sich wieder dem Mythos. Und es ist für besonnene, unaufgeregte Menschen sehr schwierig, dagegen anzuargumentieren. Denn die apokalyptische Metapher ist ein Präventivschlag gegen das analytische Denken. Das Katastrophenbild wird zum exakten Äquivalent des Mythos – man denke nur an den Untergang von Atlantis (antik) und den Untergang der Titanic (modern). Das sind nur zwei prominente Beispiele, die zeigen, dass die Vision vom Untergang einen festen Stellenrahmen hat, in dem ständig Umbesetzungen vorgenommen werden können: Atomkrieg, Ressourcenknappheit, Vergiftung/Verseuchung, Klimawandel.

Die gegenwärtige Konjunktur des Apokalyptischen und die aktuellen Variationen über den Untergang des Abendlandes verstellen die Möglichkeit des Denkens. In seiner Endphase geht der

Humanismus der Ängstlichen nämlich ins Denkverbot über. Auf dem vorgeschobenen Posten des politischen Moralismus hat Günther Anders das ganz klar ausgesprochen: Wo vom Tode Bedrohte auf Rettung warten, ist keine Zeit zum Denken: »Tiefsinn verboten.«

Die Konjunktur der Katastrophentheorien ist selbst ein Symptom für die Hilflosigkeit eines Denkens, das, weil es selbst am Ende ist, die Wirklichkeit am Ende sieht und nun unaufhörlich um das Bild der Katastrophe kreist. Der Weltuntergang ist aber die zentrale Imagination des Paranoikers. Deshalb lohnt es sich, auf Freuds Interpretation von Daniel Paul Schrebers *Denkwürdigkeiten eines Nervenkranken* zurückzukommen. Diese Autobiografie einer Paranoia schilderte die große Katastrophe in ihrer »unbeschreiblichen Großartigkeit«. Schreber, der als einziger Mensch die Apokalypse überlebt, sieht sich selbst in den Schuldzusammenhang verstrickt. Die Pointe von Freuds Deutung liegt nun darin, im Weltuntergang die Projektion einer inneren Katastrophe zu erkennen.

Dieser Perspektivenwechsel ist entscheidend für das Verständnis unserer Avantgarde der Angst. Freud hat sich ja – aus »anxiety of influence« – die Lektüre der Werke Nietzsches verboten. Und tatsächlich gibt es ein großes Kapitel in Nietzsches Werk, das Freuds Deutung der Weltuntergangsfantasien vorbereitet. In der »Zweiten Abhandlung« der *Genealogie der Moral* zeigt Nietzsche, wie der Prozess der Zivilisation, die Zähmung des Menschen zum Haustier des Menschen, jede Aggression, jede »Entladung des Menschen nach Außen« hemmt und in die Seele zurück zwingt. »Der Mensch, der sich, aus Mangel an äußeren Feinden und Widerständen, eingezwängt in eine drückende Enge und Regelmäßigkeit der Sitte«, gegen sich selbst wendet und an sich selbst leidet, wird zum Erfinder des schlechten Gewissens – für Nietzsche »die größte und unheimlichste Erkrankung« der Menschheit. Der an sich selbst leidende Mensch projiziert seine innere Katastrophe als Weltuntergangsfantasie nach außen und gibt sich für das Unheil die Schuld. Denn wenn es keinen Gott mehr gibt, müssen wir alles, was geschieht, den Menschen zurechnen.

Als Kollektivneurose manifestiert sich das in dem von Arnold Toynbee immer wieder beschworenen extremen Schuldgefühl der westlichen Welt. Die Schuld der westlichen Welt ist die Erbsünde, an die die Öko-Aktivisten glauben. Da sie aber auch nicht an eine Erlösung glauben, verwandeln sie das ganze Leben in ein einziges Bußritual. Der Weltuntergang steht unmittelbar bevor, es ist fünf vor zwölf, aber Rettung ist möglich, und du kannst konkret helfen – oder zumindest: Du kannst dir selbst helfen. Das ist ein guter

Beleg für die These, dass nur die Ideen, die dem Menschen einen notwendigen Platz im Weltlauf anweisen, sich auch durchsetzen. Sie beschwichtigen die Angst – in unserem Fall etwa durch Mülltrennen, veganes Essen, Schulstreik für das Klima oder das Mitbringen von Tupperware-Boxen zum Kauf an der Frischetheke.

Es geht also wieder um unsere Sündhaftigkeit. Am heutigen Schuldkult eines vom Menschen verursachten Klimawandels kann man sehr deutlich sehen, wie Schuld als moralische Droge funktioniert – »Moralin«, wie Nietzsche wohl sagen würde. Die Selbstgeißelungen der Schuldbekenntnishysteriker verschaffen ihnen nämlich nicht nur ein übersichtliches Weltbild, das sich wieder an Gut und Böse, Schuld und Sühne orientieren kann, sondern auch eine moralische Superiorität. Diese Flagellanten des Westens sind als unglückliches ökologisches Bewusstsein glücklich, weil sie sich von der Komplexität der Welt mit einer einzigartigen Technik entlasten: An die Stelle der Analyse tritt die Selbstanklage. Nun war Selbstkritik immer eine der Stärken, ja vielleicht das Alleinstellungsmerkmal der westlichen Kultur. Aber diese Selbstkritik ist heute in Selbsthass umgeschlagen. Man könnte von einem Narzissmus der Empörung und des Schuldbewusstseins sprechen. Das Credo des grünen Schuldnarzissmus lautet: Wenn wir schon nicht die Herren der

Erde sein dürfen, dann dürfen wir uns doch wenigstens als deren Zerstörer anklagen.

Doch wie konnte es zu dieser Verschärfung der westlichen Selbstkritik zum Schuldnarzissmus kommen? Offenbar ist der ökologische Protest gar nicht durch einen Mangel, sondern durch Überfluss motiviert. Die Kontingenz, nicht in die Favelas von Rio oder die Armenviertel von Bombay, sondern in die westliche Welt und ihren Wohlstand hineingeboren zu sein, erzeugt ein Schuldgefühl. Nietzsche hat das sehr gut erkannt und von der »persönlichen Notwendigkeit des Unglücks« gesprochen. Demnach wären die Unheilsvisionen vom Ende der Welt endogen bedingt. Das fantasierte Unglück entlastet das schlechte Gewissen, denn die Katastrophe erscheint als Sühne. Deshalb hat Schopenhauer »das Unglück als Surrogat der Tugend« bezeichnet. Und so führt der Schuldnarzissmus zu einer kompletten Umwertung der Werte. Früher gab es noch das Glück im Unglück; heute gilt nur noch dessen Inversion: das Unglück im Glück. Bei Max Horkheimer und Theodor W. Adorno heißt es entsprechend aufklärungsdialektisch: »Unter den gegebenen Verhältnissen werden die Glücksgüter selbst zu Elementen des Unglücks.«

So bereitet der ständig gesteigerte Lebensstandard jedem Kunden ein schlechtes Gewissen: Unser Konsumismus ist schuld, dass die Erde zerstört wird. Damit lässt sich das ökologische Argument des Umweltschutzes leicht für eine Kapitalismuskritik instrumentalisieren. Und die geht dann stets einher mit einer Verklärung primitiver Kulturen, von denen wir – so hört man schon im Kindergarten – viel zu lernen hätten: Aborigines, Inuit, Indianer usf. Dabei handelt es sich um eine Neuauflage des Mythos vom edlen Wilden, der scheinbar in einer symbiotischen, harmonischen Beziehung zur Natur lebt. Während die westliche Kultur für ihre Sünden der Naturausbeutung durch Katastrophen bestraft wird, lebt der edle Wilde in der sakramentalen Präsenz seiner Umwelt. So deutet der ökologische Protest in die prähistorische Existenz ein revolutionäres Potenzial hinein; der Anarchist reicht dem edlen Wilden die Hand.

Der philosophische Hintergrund

Die ersten Sätze des Vortrags »Angst und Politik«, den Franz L. Neumann 1954 an der Freien Universität Berlin gehalten hat, lauten: »Am 6. Januar 1941 verkündete Präsident Franklin D. Roosevelt die vier Freiheiten: Meinungsfreiheit, Religionsfreiheit, ökonomische Sicherheit und Freedom from Fear, Freiheit von Furcht. Aber das Ende des Zweiten Weltkriegs hat die Angst nicht aus der Welt verschwinden lassen. Sie ist, im Gegenteil, noch größer und furchtbarer geworden und beginnt, Nationen zu paralysieren und Menschen unfähig zu machen, sich frei zu entscheiden.«

Genau in dieser Zeit von Roosevelts Verkündigung der vier Freiheiten, haben Max Horkheimer und Theodor Adorno versucht, das von Neumann formulierte Problem fundamentaler, gleichsam in weltgeschichtlichem Maßstab anzugehen. Berühmt geworden ist der Anfang des Essays »Begriff der Aufklärung« aus der Bibel der Studentenbewegung, der *Dialektik der Aufklärung*: »Seit je hat Aufklärung im umfassendsten Sinn fortschreitenden Denkens das Ziel verfolgt, von den Menschen die Furcht zu nehmen und sie als

Herren einzusetzen. Aber die vollends aufgeklärte Erde erstrahlt im Zeichen triumphalen Unheils.«

Alle für unsere Untersuchung entscheidenden Stichworte sind hier versammelt:

»Seit jeher« – nämlich »von Homer bis zur Moderne« erstreckt sich ein Kontinuum der Schuld. Der geistesverwandte Walter Benjamin hat gar von einem »Schuldzusammenhang des Lebendigen« gesprochen.

»Furcht« – das ist das Angstmotiv unserer Untersuchung.

»Herren« – gemeint ist die wissenschaftlich-technische Naturbeherrschung gemäß dem Genesis-Befehl, der den meisten Pfarrern heute peinlich ist: Macht euch die Erde untertan …

»Unheil« – das ist die Katastrophe in Permanenz, von der wiederum Walter Benjamin in seinen geschichtsphilosophischen Thesen spricht.

Das Ende des Essays von Horkheimer und Adorno akzentuiert dann »die von der herrschaftlichen Wissenschaft verkannte Natur«.

Die Radikalität dieses Ansatzes hat fasziniert. Aber bei Lichte betrachtet malt die Philosophie hier nicht mehr nur grau in grau, sondern schwarz in schwarz. Wenn das Problem, das uns in ein Zeitalter der Angst einschließt, »seit jeher« existiert, bzw. sich »von Homer bis zur Moderne« erstreckt, dann ist nicht zu sehen, wie man auch nur einen

Schritt aus dem »Verblendungszusammenhang« heraustreten könnte. Diese Formeln konnte man nachbeten, aber es ließ sich nicht daran anschließen.

Eine gemäßigtere, viel realistischere Variante der *Dialektik der Aufklärung* findet sich bei Robert Spaemann. Er hat das philosophische Problem der Moderne auf einen prägnanten Begriff gebracht. Sokrates fragte noch: Was heißt es doch, auf sich selbst Sorgfalt zu wenden? Für ihn war die Sorge um sich nämlich die Bedingung der Möglichkeit, einen Zugang zur Wahrheit zu finden. Ausdrücklich unterscheidet Sokrates dabei das Gute und Edle von der Selbsterhaltung. Genau diese Unterscheidung nicht mehr treffen zu können, ist aber charakteristisch für die Moderne. Spaemann hat das die »Inversion der Teleologie« vom guten Leben zur Selbstbehauptung genannt. Das gute Leben verschwindet zugunsten erst des nackten und dann des langen Lebens.

Man kann es auch so sagen: Die Moderne hat die seit der Antike geltenden obersten Werte in Anführungszeichen gesetzt. Das teleologische Denken zerfällt seither in das Postulieren von Werten und das Konstatieren von Fakten. Inversion der Teleologie besagt dann näherhin, dass die Naturteleologie, der Zweckbegriff, zugunsten von Systemrationalität, Funktionalismus und Bestandserhaltung aufgegeben wird. Die entscheidende Konsequenz dieses Bruchs mit dem teleologischen Denken liegt nun darin, dass die Natur nicht mehr als zweckmäßig für den Menschen verstanden werden kann. Modern versteht sich der Mensch als Mängelwesen, seine »Natur« als Antiphysis und seine Autonomie als Notwehr. Dem entspricht dann das neuzeitspezifische technische Pathos der Konstruktion. Ganz konsequent spricht dann der Gegenspieler von Spaemann, Hans Blumenberg, in seiner Begründung der Legitimität der Neuzeit von einer »immanenten Teleologie der menschlichen Selbstbehauptung«.

Den technischen Willen zur Naturbeherrschung und das Projekt der Aufklärung erklärt Blumenberg aus dem Verlust des Weltvertrauens. Er deutet Nietzsches »Gott ist tot« als die Herausforderung, auf die der neuzeitliche Mensch mit der schöpferischen Zerstörung der Welt antwortet. Und selbst die extremste Bewusstseinsform der Moderne, der Nihilismus, lässt sich dann als Selbstbehauptung durch technischen Konstruktivismus interpretieren. Blumenberg legt also größten Wert darauf, dass die moderne technische Welthaltung nicht aus Hybris entstanden ist. Selbstbehauptung soll nicht Selbsterhebung sein, sondern Notwehr. Denn wenn sich die Wahrheit nicht mehr entbirgt, die Natur sich nicht mehr von sich her zeigt und Gott tot ist, oder doch zumindest verborgen und unberechenbar bleibt, dann muss sich der Mensch selbst zum Schöpfer ernennen und radikal auf technische Erkenntnis setzen. Mit Begriffen wie »inventio« und »zweite Natur« beginnt in der frühen Neuzeit eine Geschichte, die heute in Begriffen wie Konstruktivismus und Viabilität ihre Abschlussformel sucht.

Wir sind nur unspezifisch gerüstet für die Widrigkeiten der Welt. Und weil diese Welt bloß faktisch ist, also kontingent, müssen wir uns technisch zu ihr einstellen. Es ist dieser Zusammenhang von Ordnungsschwund, Selbstbehauptung und Weltkonstruktion, der die Naturbeherrschung zum Schicksal macht. Moderne Technik ist deshalb mehr als die Kompensation des Mängelwesens Mensch. Der Mensch wird zum Schöpfer einer neuen, nicht mehr feindlichen Wirklichkeit. Am Ende konkurriert die technische Welt gar nicht mehr mit der Natur; man sieht ihr die Not nicht mehr an, aus der sie entstand. Moderne Technik wird so autonom wie die moderne Kunst.

Man kann es auch so sagen: Technik ist die Taktik eines Lebens, das sich erfolgreich gegen eine feindliche Natur behauptet. Diese Urgeschichte der Rationalität haben Max Horkheimer und Theodor Adorno in ihrem Buch über die Dialektik der Aufklärung an der List des Odysseus aufgewiesen. Die Taktik, die List, das Verfahren erzeugt die Kunst des Menschen, und das Künstliche ist das Widernatürliche. Schon bei

Heidegger hat der Begriff Antiphysis eine Schlüsselstellung. Er zeigt an, dass man das Sein nicht mehr auf Natur reduzieren kann. Der Mensch geht nicht aus der Natur hervor, sondern ist in sie geworfen. Man kann sich das sehr gut an der Erfindung von Kunststoffen verdeutlichen, die ja die Natur nicht mehr nachmachen, sondern ihr etwas vormachen. Man sucht die Wahrheit nicht mehr in der Natur, sondern in der Künstlichkeit. Das hat Heidegger mit seinem Begriff der unbedingten Herstellung gemeint: Technik als zweite Schöpfung, die eine zweite Natur hervorbringt.

Technische Selbstbehauptung ist der spezifisch menschliche Ersatz der organischen Anpassung. Mit dieser Überlegung spitzt Hans Blumenberg die anthropologische These, die alle Technik als Überlebenstechnik des Mängelwesens Mensch versteht, entscheidend zu. Der Mensch ist das Wesen, dem Wesentliches mangelt, und deshalb ist die Technik sein Wesen. Man kann Lebenswelt und technische Welt deshalb nicht als Gegensatz konstruieren. Das Technische ist selbst lebensweltlich geworden. Blumenberg positiviert also genau den Prozess der Technisierung, den Spaemann kritisiert: dass nämlich Erfolg die Begründung und das Telos ersetzt. Deshalb platziert Blumenberg genau dort, wo in der klassischen Philosophie das Vernunfttelos steht, die theoretische Neugierde. Sie ist nicht das Laster, sondern die große Entlastung. Die Legitimität der Neuzeit gründet letztlich in der Legitimität der Technik.

Aber gerade diese Legitimität der Neuzeit wird von den Umweltbewegungen heute infrage gestellt. Und wenn man die klar konturierten Positionen von Blumenberg und Spaemann gegeneinanderstellt, sieht man, dass es letztlich um eine Frage der philosophischen Anthropologie geht. Passt der Mensch in das Ganze der Natur oder nicht? Ist er Physis oder Antiphysis? Bei Spaemann heißt es dazu apodiktisch: »›Übereinstimmung mit sich selbst‹ bedeutet immer auch: ›Übereinstimmung mit der Natur‹. Diese stoische Einsicht hat in den letzten Jahren als ›ökologisches Bewusstsein‹ zu einer Krise der Modernität geführt, deren Ausmaß noch nicht abzuschätzen ist.«

Es wäre aber falsch, daraus die politischen Konsequenzen der Öko-Aktivisten herzuleiten. Denn Spaemann geht es um eine ökologische Begrenzung der neuzeitlichen Naturbeherrschung und Bedürfnissteigerung, die wieder als Telos des Menschen – und das heißt auch: als sinnvolle Grenze – verstanden werden kann. Sinnvoll ist eine Grenze nämlich nur dann, wenn sie auch Ziel ist. Nur dann tendiert die Umweltschutzbewegung nicht zur Öko-Diktatur. Spaemann kritisiert also nicht nur das neuzeitliche Programm der Naturbeherrschung, sondern auch das fanatische Gegenprogramm einer grünen »Totalverwaltung der Welt«. Seine positiven Stichworte für die richtige Stellung des Menschen im Kosmos lauten deshalb: Rückkehr zum überschaubaren Maß, neue Bescheidenheit, Verzicht auf Machbares, Ehrfurcht. Auf dieser Linie liegt auch die konservative *Green Philosophy* von Peter Scruton.

Die sympathischen Motive dieser grünen Philosophie, nämlich Wiedergewinnung eines teleologischen Menschen- und Weltbildes, ganzheitliche Betrachtung, homöostatisches Verhältnis zwischen Menschenwelt und Natur, Balance zwischen Gesellschaft und Umwelt, Nachhaltigkeit und Schöpfungsbewahrung, werden wohl von den meisten Menschen intuitiv unterstützt. Doch sie vertragen sich nicht mit den Einsichten einer anspruchsvollen Theorie der modernen Gesellschaft. So hat Niklas Luhmann dem Zweckbegriff die Systemrationalität entgegengestellt und damit jede Form von Teleologie verabschiedet. Der kybernetische Grundgedanke dieser Theorie hat selbst schon drei Stadien durchlaufen. Wenn man sich diese Theorieentwicklung vergegenwärtigt, wird deutlich, wo sich die Soziologie von der grünen Philosophie absetzt.

Das erste kybernetische Modell beschreibt das Verhältnis des gesellschaftlichen Systems zur Umwelt als Homöostase, als Suche nach dem Gleichgewicht, der Balance. Und das ist eben auch heute noch die Philosophie der Grünen. Dieser Grundgedanke wird zunächst ersetzt durch das Konzept der Bestandserhaltung des Systems. Schließlich tritt an dessen Stelle eine Theorie, die nur noch auf die Erhaltung der Differenz System/Umwelt fokussiert ist. Es ergibt deshalb keinen Sinn, von »Anpassung« an die Umwelt zu sprechen. Man kann sich allenfalls an die Kontingenz der Umwelt anpassen; das nennt man dann »sich informieren«. Mit anderen Worten, soziale Systeme sind umweltabhängig, aber umweltblind.

Allerdings ist die systemtheoretische Unterscheidung von System und Umwelt keine ontologische Differenz. An die Stelle der ontologischen Differenz tritt bei Luhmann »die Differenzierung des Seins in Systeme«. Die Lebenswelt zerfällt für die Systemtheorie der modernen Gesellschaft nämlich in funktional ausdifferenzierte Teilsysteme wie Recht, Wissenschaft, Wirtschaft, Kunst und Intimität. Für jedes dieser Systeme ist es charakteristisch, dass seine Operationen an nichts anderes als an die eigenen Operationen selbst anschließen. Gerade deshalb aber sind sie zeitlich offen, ohne Telos. Die konkrete Anschlussfähigkeit der Operationen tritt gerade an die Stelle von Rationalität. Und das Prinzip der Anschlussfähigkeit heißt eben auch: weder Anfang noch Ende. Die Archäologie und die Frage nach dem Ursprung werden genauso ausgeblendet wie die Eschatologie und die Frage nach Zweck und Ziel.

Autopoiesis ist ein von Luhmann gerne gebrauchtes Kunstwort, das besagen soll: Das soziale System ist sein eigenes Werk. Das »Wesen« des Systems ist seine Autopoiesis, das heißt, es macht sich selbst, und zwar in Prozessen der Selektion und Rekursion, also der Selbstaufrufung einer Prozedur innerhalb eines Programms. Damit sich ein System bildet und erhält, genügt es dabei, auf Anschlussfähigkeit zu achten. Denn die Autopoiesis hat kein Telos, also keinen Zweck, kein Ziel, keine Grenze und keinen Ort. Mit anderen Worten: Soziale Systeme funktionieren, aber sie sind nicht auf etwas aus. Deshalb kann die Soziologie der modernen Gesellschaft mit Begriffen wie Ziel oder Zweck, Ende oder Perfektion nichts mehr anfangen. Wenn Systeme aber weder ein Ziel noch ein natürliches Ende haben, dann gibt es heute nur noch ein Funktionieren bis auf Weiteres – im offenen Horizont der Unaufhörlichkeit.

Alles, was ist, ist auch anders möglich; aber nicht beliebig anders. Es geht immer auch anders, aber nicht alles. Es handelt sich um einen Relativismus ohne Beliebigkeit. Die Funktion hat keinen Zweck. Es geht nur um die Bestandserhaltung bzw. die Grenzerhaltung des Systems. Stabilität reduziert sich in der modernen Gesellschaft auf die Unbeliebigkeit der Ersatzmöglichkeiten.

Niemand hat die heimliche Metaphysik dieses Systemfunktionalismus prägnanter formuliert als

Heidegger: »Sein ist heute Ersetzbarsein«. Das harmoniert sehr gut mit Blumenbergs philosophischer Anthropologie. Die Funktionen ersetzen die Werte, und das funktionierende System ist das Ersatzabsolute. Der unpathetischste Begriff, nämlich Funktionieren, nimmt hier das ganze »alteuropäische« Pathos von Zweck, Prinzip und Wert in sich auf. Die Ersetzung der transzendentalen Frage durch den Vergleich von Problemlösungen, die Substitution des Zweckbegriffs durch Systemrationalität, der Abschied vom Prinzipiellen und die Warnung vor der Tyrannei der Werte konvergieren bei Luhmann in der heiligen Nüchternheit des Funktionalismus.

Die meisten Leser hätten sich wohl nicht die Mühe gemacht, weiterzulesen, wenn sie schon einleitend mit diesen Überlegungen Blumenbergs und Luhmanns konfrontiert worden wären; nicht weil sie falsch, sondern weil sie hochkomplex sind. Es ist Philosophie für Philosophen, Wissenschaft für Wissenschaftler. Deshalb fühlen sich die Grünen, die nach wie vor in Kategorien wie Telos, Zweck, sinnvolle Grenze und homöostatische Balance denken, vom modernen Funktionalismus auch nicht herausgefordert. Doch die gemäßigten Vertreter der Green Philosophy wie Scruton und Spaemann stoßen auf ihre eigentlichen Gegner im eigenen Lager. Es sind, wie wir gezeigt haben, die Apokalyptiker der Umweltbewegung. Auch sie haben ihre Vordenker – Günther Anders und Hans Jonas. Doch wie die Sorge um die Schöpfung in Apokalyptik umschlägt, kann man noch besser bei einem Denker der Zwischenkriegszeit beobachten: Walter Benjamin.

Es sind drei »dialektische« Bilder, die Benjamins »Geschichtsphilosophische Thesen« für eine Theologie der Grünen brauchbar machen. Da ist zunächst einmal das Bild von der kosmischen Kommunikation. Die heilsame, erlösende Haltung zur Welt zeigt sich darin, dass der Mensch, »weit entfernt die Natur auszubeuten, von den Schöpfungen sie zu entbinden« trachtet. Dass uns das nicht gelingt, hat seinen Grund darin, dass der Menschheit die Rezeption der Technik missglückt ist. Was Benjamin damit kritisiert, ist aber gerade das Neue an der Neuzeit: die Autonomie der Technik. Für ihn ist deshalb der technische Fortschritt selbst die Katastrophe. Und damit sind wir beim zweiten »dialektischen« Bild. Der Engel der Geschichte, den Benjamin auf Paul Klees Bild *Angelus Novus* erkannt haben will, sieht in den historischen Ereignissen »eine einzige Katastrophe, die unablässig Trümmer auf Trümmer häuft«. Wer derart rückwärts in die Zukunft sieht, kann natürlich keine Vorstellung von einem Ziel, Zweck oder Telos mehr entwickeln, sondern nur noch auf das Ende hoffen. Und so begreift Benjamin – das ist das dritte Bild – die Revolution als »Griff nach der

Notbremse«, durch den ein »wirklicher Ausnahmezustand« herbeigeführt werden soll.

Benjamin ist bis zum heutigen Tag ein Kultautor der Linksintellektuellen. Das liegt daran, dass er in einem Zeitalter der Angst zur radikalen Umkehr aufruft. Neuzeit statt Endzeit – das wird jetzt wieder revidiert! Es geht dabei weniger um eine Revolution im klassischen Sinne als um eine Umwertung der Werte. Sie hat in der abendländischen Geschichte drei Umbesetzungen erfahren: Christentum, Sozialismus und Umweltbewegung.

Eric Robertson Dodds hat die Faszination des Christentums in einem Zeitalter der Angst durch Motive erklärt, die dann auch für den Sozialismus des 19. Jahrhunderts und die Umweltbewegungen von heute charakteristisch sind. Das Christentum verlangt nur den unbedingten Glaubensgehorsam, der dem Einzelnen die Last der Freiheit abnimmt; es ist egalitär und setzt keinerlei Bildung voraus; es ködert das Schuldgefühl der Menschen durch die Ankündigung des nahen Endes und die Verheißung einer besseren Welt; und es schenkt den Einsamen die menschliche Wärme der Gemeinschaft. Dieses Angebot machen heute die Öko-Apokalyptiker. Wir haben zu zeigen versucht, dass es ein Verrat an der Neuzeit ist. Und dass es wieder an der Zeit ist, die Neuzeit zu verteidigen – so wie damals gegen den theologischen, so jetzt gegen den ökologischen Absolutismus.

Literatur

Anders, Günther, *Der Mann auf der Brücke*, München 1967.

Aristoteles, *De interpretatione*, hg. von Hermann Weidemann, Berlin 2014.

Barrie, James M., *Peter Pan, or The Boy Who Wouldn't Grow Up*, London 1904.

Barthelme, Donald, *City life*, Frankfurt a. M. 1972.

Becker, Gary S., *The Economic Approach to Human Behavior*, Chicago 1976.

Becker, Howard S., *Outsiders. Studies in the Sociology of Deviance*, New York 1963.

Benjamin, Walter, »Schicksal und Charakter«, in: ders., *Gesammelte Schriften*, Bd. II, Frankfurt a. M. 1977.

ders., »Über den Begriff der Geschichte«, in: ders., *Gesammelte Schriften*, Bd. I, Frankfurt a. M. 1974.

Benn, Gottfried, »Nach dem Nihilismus«, in: ders., *Gesammelte Werke in der Fassung der Erstdrucke*, Bd. III: Essays und Reden, Frankfurt a. M. 1989.

Bilz, Rudolf, *Paläoanthropologie. Der neue Mensch in der Sicht einer Verhaltensforschung*, Frankfurt a. M. 1971.

Bleuler, Paul Eugen, *Lehrbuch der Psychiatrie*, Berlin 1916.

Bloom, Harold, *Einflußangst: Eine Theorie der Dichtung*, Basel und Frankfurt a. M. 1995.

Blumenberg, Hans, *Beschreibung des Menschen*, Frankfurt a. M. 2006

ders., *Die Genesis der kopernikanischen Welt*, Frankfurt a. M. 1975.

ders., *Lebenszeit und Weltzeit*, 3. Aufl., Frankfurt a. M. 1986.

ders., *Die Legitimität der Neuzeit*, 2. Aufl., Frankfurt a. M. 1988.

ders., *Die Sorge geht über den Fluß*, Frankfurt a. M. 1987

Bolz, Norbert / Bosshard, David, *Kult-Marketing. Die neuen Götter des Marktes*, 2. Aufl., Düsseldorf 1995.

Buchanan, Patrick J., *Der Tod des Westens. Geburtenschwund und Masseneinwanderung bedrohen unsere Zivilisation*, Selent 2002.

Burkert, Walter, *Homo Necans. Interpretationen altgriechischer Opferriten und Mythen*, 2. Aufl., Berlin 1997.

Carson, Rachel, *Der stumme Frühling*, München 1987.

Chargaff, Erwin, *Kritik der Zukunft*, Stuttgart 1983.

Cournot, Antoine-Augustin, *Traité de l'enchainement des idées fondamentales dans les sciences et dans l'histoire*, Paris 1861.

Derrida, Jacques, *Apokalypse,* Wien 1985.

Dodds, Eric Robertson, *Heiden und Christen in einem Zeitalter der Angst. Aspekte religiöser Erfahrung von Marc Aurel bis Konstantin*, Frankfurt a. M. 1985.

Economo, Constantin von, »Der Zellaufbau der Großhirnrinde und die progressive Cerebration«, in: *Ergebnisse der Physiologie* 29/1929.

Edenhofer, Ottmar, *Global, aber gerecht. Klimawandel bekämpfen, Entwicklung ermöglichen*, München 2010.

ders., »Der Grund meiner Hoffnung – nicht nur in der Klimafrage«, in: *Lebendige Seelsorge* 1/2019.

Ehrenfels, Christian von, *Metaphysik*, in: ders., *Philosophische Schriften in 4 Bänden*, Bd. 4, München 1990.

Ehrlich, Paul Ralph, *Die Bevölkerungsbombe*, München 1971.

Ellul, Jacques, *La technique ou l'enjeu du siècle*, Paris 1954.

Emerson, Ralph Waldo, *Natur*, Zürich 2003.

Enzensberger, Hans Magnus, *Aussichten auf den Bürgerkrieg*, Frankfurt a. M. 1993.

ders., *Der Untergang der Titanic. Eine Komödie*, Frankfurt a. M. 1978.

Erikson, Erik, *Identität und Lebenszyklus*, Frankfurt a. M. 1966.

Feyerabend, Paul, *Wider den Methodenzwang*, Frankfurt a. M. 1976.

Frankfurt, Harry G., *The Importance of What We Care About*, Cambridge 1988.

Franzen, Jonathan, »Literatur handelt davon, sich mit einer unerträglichen Wirklichkeit zu arrangieren«, in: *Der Spiegel* 5/2020.

Freud, Sigmund, »Psychoanalytische Bemerkungen über einen autobiographischen Fall von Paranoia«, in: ders., *Gesammelte Werke*, Bd. XIV, London 1948.

ders., *Das Unbehagen in der Kultur*, in: ders., *Gesammelte Werke*, Bd. VIII, London 1948.

ders., *Vorlesungen zur Einführung in die Psychoanalyse*, in: ders., *Gesammelte Werke*, Bd. XI, London 1948.

Gehlen, Arnold, *Einblicke*, in: ders., *Gesamtausgabe*, Bd. 7, Frankfurt a. M. 1978.

ders., *Der Mensch. Textkritische Edition*, in: ders., *Gesamtausgabe*, Bd. 3, Frankfurt a. M. 1993.

ders., *Die Seele im technischen Zeitalter*, in: ders., *Gesamtausgabe*, Bd. 6, Frankfurt a. M. 2004.

Haeckel, Ernst, *Generelle Morphologie der Organismen*, Berlin 1866.

Harris, Robert, *Der zweite Schlaf. Roman*, München 2019.

Hayek, Friedrich von, *Recht, Gesetzgebung und Freiheit*, 2. Aufl., Landsberg am Lech 1986.

Hediger, Heini, *Wildtiere in Gefangenschaft. Ein Grundriss der Tiergartenbiologie*, Basel 1942.

Heidegger, Martin, *Beiträge zur Philosophie (Vom Ereignis)*, in: ders., *Gesamtausgabe*, Bd. 65, Frankfurt a. M. 1989.

ders., *Leitgedanken zur Entstehung der Metaphysik, der neuzeitlichen Wissenschaft und der modernen Technik*, in: ders., *Gesamtausgabe*, Bd. 76, Frankfurt a. M. 2009.

ders., *Sein und Zeit*, 16. Aufl., Tübingen 1986.

ders., *Vier Seminare*, Frankfurt a. M. 1977.

Hirschman, Albert O., *Engagement und Enttäuschung. Über das Schwanken der Bürger zwischen Privatwohl und Gemeinwohl*, Frankfurt a. M. 1984.

Thomas Hobbes, *Leviathan oder Stoff, Form und Gewalt eines kirchlichen und bürgerlichen Staates*, Frankfurt a. M. 1996.

Horkheimer, Max / Adorno, Theodor W., *Dialektik der Aufklärung. Philosophische Fragmente*, Frankfurt a. M. 1969.

Horstmann, Ulrich, *Das Untier. Konturen einer Philosophie der Menschenflucht*, Wien und Berlin 1983.

Horx, Matthias, *Aufstand im Schlaraffenland. Selbsterkenntnisse einer aufständischen Generation*, München 1991.

Huizinga, Johan, *Homo Ludens. Vom Ursprung der Kultur im Spiel*, Hamburg 1956.

Jaynes, Julian, *Der Ursprung des Bewusstseins durch den Zusammenbruch der bikameralen Psyche*, Reinbek bei Hamburg 1988.

Jonas, Hans, *Das Prinzip Verantwortung. Ethik für die technologische Zivilisation*, Frankfurt a. M. 1979.

Jung, C. G., *Wirklichkeit der Seele*, Olten 1972.

Kant, Immanuel, »Analytik des Erhabenen«, aus: ders., *Kritik der Urteilskraft*, in: ders., *Werke in zwölf Bänden*, Band 10, Frankfurt a. M. 1977.

Kepel, Gilles, *Die Rache Gottes. Radikale Moslems,*

Christen und Juden auf dem Vormarsch, München 1991.
Keynes, John Maynard, »Wirtschaftliche Möglichkeiten für unsere Enkelkinder«, in: Norbert Reuter, *Wachstumseuphorie und Verteilungsrealität. Wirtschaftspolitische Leitbilder zwischen Gestern und Morgen. Mit Texten zum Thema von John Maynard Keynes und Wassily W. Leontief*, Marburg 2007.
Kiley, Dan, *Das Peter-Pan-Syndrom. Männer, die nie erwachsen werden*, München 1991.
Kirchhof, Paul, *Der sanfte Verlust der Freiheit. Für ein neues Steuerrecht klar, verständlich, gerecht*, München 2004.
Klages, Ludwig, *Der Geist als Widersacher der Seele*, 5. Aufl., Bonn 1972.
Knight, Frank H., *Selected Essays*, 2 Bde., Chicago 1999.
Krakauer, Jon, *In die Wildnis. Allein nach Alaska*, München 2007.
Kraus, Karl, *Die Fackel* 577–582/1921.
Lem, Stanislaw, *Das Katastrophenprinzip. Die kreative Zerstörung im Weltall. Aus Lems Bibliothek des 21. Jahrhunderts*, Frankfurt a. M. 1983
Locke, John, *Versuch über den menschlichen Verstand*, 2 Bde., Hamburg 1988.
Lovelock, James, *Das Gaia-Prinzip. Die Biographie unseres Planeten*, Zürich und München 1991.
Lübbe, Hermann, *Zeit-Erfahrungen. Sieben Begriffe zur Beschreibung moderner Zivilisationsdynamik*, Stuttgart 1996.
Luhmann, Niklas, *Beobachtungen der Moderne*, Opladen 1992.
ders., *Grundrechte als Institution. Ein Beitrag zur politischen Soziologie*, 4. Aufl., Berlin 1994.
ders., *Ökologische Kommunikation. Kann die moderne Gesellschaft sich auf ökologische Gefährdungen einstellen?*, 2. Aufl., Opladen 1988.

ders., *Protest. Systemtheorie und soziale Bewegungen*, Frankfurt a. M. 1996.

ders., *Soziologie des Risikos*, Berlin 1991.

Lukrez, *De rerum natura/Welt aus Atomen. Lat./Dt.*, Stuttgart 1986.

Luksic, Oliver, *Die Angst-Unternehmer. Wie die neue Polarisierung die offene Gesellschaft gefährdet*, Darmstadt 2020.

Machiavelli, Niccolò, *Der Fürst*, Frankfurt a. M. 1995.

Thomas Mann, *Der Zauberberg*, Berlin 1924.

Marcuse, Herbert / Wolff, Robert Paul / Moore, Barrington, *Kritik der reinen Toleranz*, Frankfurt a. M. 1966.

Marx, Karl, *Frühe Schriften*, Erster Band, Darmstadt 1975.

Marquard, Odo, *Zukunft braucht Herkunft. Philosophische Essays*, Stuttgart 2003.

Meadows, Donella u. a., *Die Grenzen des Wachstums. Bericht des Club of Rome zur Lage der Menschheit*, Reinbek bei Hamburg 1973.

Melucci, Alberto, *Getting Involved. Identity and Mobilization in Social Movements*, New York 1981.

Michels, Robert, *Zur Soziologie des Parteiwesens in der modernen Demokratie. Untersuchungen über die oligarchischen Tendenzen des Gruppenlebens*, 2. Aufl., Stuttgart 1970.

Müller, Jörg, *Die infantile Gesellschaft. Wie unsere Erziehung ein gesundes Selbstwertgefühl verhindert*, Stuttgart 2007.

Nestroy, Johann, *Der böse Geist Lumpazivagabundus oder Das liederliche Kleeblatt. Zauberposse mit Gesang in drei Akten*, Stuttgart 1977.

Neumann, Franz L., *Angst und Politik*, Tübingen 1954.

Nietzsche, Friedrich, *Also sprach Zarathustra. Ein Buch für Alle und Keinen*, in: ders., *Kritische Studienausgabe*, Bd. 4, München 1980.

ders., *Die fröhliche Wissenschaft*, in: ders., *Kritische Studienausgabe*, Bd. 3, München 1980.

ders., *Zur Genealogie der Moral*, in: ders., *Kritische Studienausgabe*, Bd. 5, München 1980.

ders., *Jenseits von Gut und Böse*, in: ders., *Kritische Studienausgabe*, Bd. 5, München 1980.

Norgaard, Richard, »The Coevolution of Economic and Environmental Systems and the Emergence of Unsustainability«, in: Richard W. England (Hg.), *Evolutionary Concepts in Economics*, Ann Arbor 1994.

Novalis, *Schriften Bd. II*, Darmstadt 1981

Papst Franziskus, *Laudato si. Die Umwelt-Enzyklika des Papstes*, Freiburg 2015.

Pascal, Blaise, *Pensées*, Paris 1976.

Peterson, Christopher / Maier, Steven / Seligman, Martin, *Learned Helplessness. A Theory for the Age of Personal Control*, Oxford 1993.

Phillips, Adam, *Vom Küssen, Kitzeln und Gelangweiltsein*, Göttingen 1997.

Popper, Karl, *Die offene Gesellschaft und ihre Feinde*, Band I und II, in: ders., *Gesammelte Werke*, Band 5 und 6, Tübingen 2003.

ders., *Vermutungen und Widerlegungen. Das Wachstum der wissenschaftlichen Erkenntnis*, in: ders., *Gesammelte Werke*, Band 10, Tübingen 2009.

Postman, Neil, *Das Verschwinden der Kindheit*, Frankfurt a. M. 1983.

Ray, Dixy Lee, *Trashing the Planet. How Science Can Help Us Deal With Acid Rain, Depletion of the Ozone, and Nuclear Waste (Among Other Things)*, Washington 1990.

Riesman, David, *Die einsame Masse*, Reinbek bei Hamburg 1964.

Rosenkranz, Karl, *Ästhetik des Häßlichen*, Königsberg 1853.

Rostow, Walt Whitman, *The Stages of Economic Growth. A Non-Communist Manifesto*, Cambridge 1960.

Roszak, Theodore, *Gegenkultur. Gedanken über die technokratische Gesellschaft und die Opposition der Jugend*, Düsseldorf und Wien 1971.

Scheler, Max, »Der Krieg als Gesamterlebnis«, in: ders., *Gesammelte Werke*, Bd. IV: *Politisch-pädagogische Schriften*, Bern und München 1982.

Schelling, Thomas, *Micromotives and Macrobehavior*, New York und London 1978.

Schelsky, Helmut, *Auf der Suche nach Wirklichkeit. Gesammelte Aufsätze*, Düsseldorf und Köln 1965.

ders., *Der selbständige und der betreute Mensch. Politische Schriften und Kommentare*, Stuttgart 1976.

Schleiermacher, Friedrich, *Über die Religion. Reden an die Gebildeten unter ihren Verächtern*, Berlin 1799.

Schopenhauer, Arthur, *Parerga und Paralipomena*, Bd. I und II, in: ders., *Werke*, Bd. IV und V, Zürich 1988.

Schreber, Daniel Paul, *Denkwürdigkeiten eines Nervenkranken, nebst Nachträgen und einem Anhang über die Frage: ›Unter welchen Voraussetzungen darf eine für geisteskrank erachtete Person gegen ihren erklärten Willen in einer Heilanstalt festgehalten werden?‹*, Leipzig 1903.

Sheaffer, Robert, *Resentment against Achievement. Understanding the Assault Upon Ability*, Buffalo 1988.

Simmel, Georg, »Die Großstädte und das Geistesleben«, in: ders., *Brücke und Tür. Essays des Philosophen zur Geschichte, Religion, Kunst und Gesellschaft*, Stuttgart 1957.

Sontag, Susan, *Kunst und Antikunst. 24 literarische Analysen*, München 1980.

Spaemann, Robert, *Zur Kritik der politischen Utopie*, Stuttgart 1977.

ders., *Philosophische Essays. Erweiterte Ausgabe*, Stuttgart 1994.

ders., *Der Ursprung der Soziologie aus dem Geist der Restauration. Studien über L. G. A. de Bonald*, München 1959.

Spengler, Oswald, *Der Mensch und die Technik. Beitrag zu einer Philosophie des Lebens*, München 1931.

Steiner, Uwe, *Poetische Theodizee. Philosophie und Poesie in der lehrhaften Dichtung im achtzehnten Jahrhundert*, München 2000.

Streeck, Wolfgang, *Gekaufte Zeit. Die vertagte Krise des demokratischen Kapitalismus*, Berlin 2013.

Thaler, Richard / Sunstein, Cass, *Nudge. Wie man kluge Entscheidungen anstößt*, Berlin 2008.

Thoreau, Henry David, *Walden oder Leben in den Wäldern*, Zürich 2007.

Tocqueville, Alexis de, *Über die Demokratie in Amerika*, München 1987.

Toynbee, Arnold, *A Study of History*, London 1934 ff.

Uexküll, Jakob von / Kriszat, Georg, *Streifzüge durch die Umwelten von Tieren und Menschen*, Hamburg 1956.

Van den Daele, Wolfgang, *Mensch nach Maß*, München 1985.

Voltaire, »Poème sur le désastre de Lisbonne«, in: ders., *Oeuvres complètes*, Bd. 9, Paris 1877.

Walser, Martin, *Meßmers Gedanken*, Frankfurt a. M. 1985.

Weber, Max, *Gesammelte Aufsätze zur Religionssoziologie*, Bd. I und Bd. III, 5. Aufl., Tübingen 1963.

ders., *Wissenschaft als Beruf. Politik als Beruf*, Tübingen 1994.

Young, Michael, *The Rise of the Meritocracy*, London 1958.

Vierte Auflage Berlin 2023
Copyright © 2020
MSB Matthes & Seitz Berlin
Verlagsgesellschaft mbH
Großbeerenstr. 57A | 10965 Berlin
info@matthes-seitz-berlin.de
Alle Rechte vorbehalten
Satz: Monika Grucza-Nápoles, Berlin
Druck und Bindung: Art Druk, Szczecin
Umschlaggestaltung nach einer Idee
von Pierre Faucheux
ISBN 978-3-95757-951-5
www.matthes-seitz-berlin.de